THEO JANSSEN

Marcel van Roosmalen op pad met De Dikke Prins

Marcel van Roosmalen

Theo Janssen

Op pad met De Dikke Prins

INSIDE

Eerste druk, januari 2019
Tweede druk, februari 2019
Derde druk, februari 2019

Omslagontwerp: Loudmouth, Utrecht
Typografie: Crius Group, Hulshout
ISBN 978 90 488 4660 3
ISBN 978 90 488 4661 0 (e-book)
NUR 491

www.overamstel.com

OVERAMSTEL
uitgevers

Deze uitgave kwam tot stand met medewerking van Van Grunsven Creative Management, zie ook www.vangrunsvencm.com

Maart 2018

Ester Bal, de ex-persvoorlichter van Vitesse, belde. Dat doet ze wel vaker, maar nu klonk ze aangeslagen.

'Is een van je katten ziek?' vroeg ik.

Stevie – genoemd naar Steven Gerrard – of Diego – naar Maradona – ik vergeet telkens welke, heeft een hardnekkig blaasprobleem.

Ester: 'Jorgos is nu echt einde verhaal, Mars. De zaak wordt opgedoekt, er komt een vreetschuur in.'

Jorgos is Jorgos Zagkotsis, uitbater van Grieks restaurant Delphi. Delphi op het Willemsplein, schuin tegenover het station, fungeerde jarenlang als het onofficiële spelershome van Vitesse. Dat had niets met het eten, maar alles met de innemende persoonlijkheid van Jorgos te maken. De betrokkenheid van Jorgos bij Vitesse kwam met de komst van de Griekse spits Nikos Machlas midden jaren negentig naar Arnhem. Het zegt veel over Vitesse en over zijn toenmalige voorzitter Karel Aalbers dat ze bij een Grieks restaurant aanklopten voor een tolk. De rest is geschiedenis: van het een kwam het ander. Jorgos schopte het tot zilveren Vitessenaar, de op een na hoogste onderscheiding van de club, en Jorgos benoemde Theo Janssen tot zijn beste vriend. Met de zaken ging het de laatste jaren minder goed. Om het in zijn eigen woorden te zeggen: 'De honden van de belastingdienst hebben me dan toch te pakken gekregen.'

Ik voerde Jorgos op in de boeken die ik schreef over Vitesse, sindsdien waren we... Ja, wat waren we eigenlijk? Geen vrienden, maar ook geen kennissen. Altijd als ik vanaf het station Arnhem in liep, zat Jorgos op zijn terras. Soms met Theo Janssen, met z'n tweeën achter een espresso aan een formica tafeltje met een enorme asbak, soms alleen. Vooral als hij alleen was, was er geen ontkomen aan. Vaak korte gesprekjes, waarbij hij je al pratend aan je arm naar binnen trok.

'Hoe gaat het?'

'Vieze, vuile hoerenzooi.'

'En verder?'

'Kom eten, eet dan. Of moet je alweer weg? Die bolle komt ook, inktvisringetjes. Hele schotels, echt waar, die kleine van hem ook, die vreet d'r vingertjes er zowat bij op. Is genetisch. Voetbal is genetisch. Theo Janssen – linkerbeen – genetisch. Iemand van die ouders moet ook een goed linkerbeen hebben gehad, ik zweer het toch. Maar 'Theo Janssen-inktvisring' is ook genetisch. Hij heeft die kleine meid echt niet geleerd dat ze alles wat Jorgos maakt moet opvreten. Echt niet.'

'Heb je Ester nog gesproken?'

'Balletje? Die eet alleen nog sla. Wat hebben we gelachen hè, met dat wijf?'

Ik moest altijd weg, Jorgos was vaak wat veel. Ik liep er soms met een boog omheen, maar toen ik van Ester hoorde dat het restaurant dichtging, miste ik Grieks restaurant Delphi meteen. Als ik in Delphi een speler had geïnterviewd, hoorde ik bij het uitwerken van de bandjes vooral Jorgos. Jorgos die uitlegde hoe Vitesse moest spelen ('Als een paard'); Jorgos die het had over 'Klonterman' als hij Bert Konterman bedoelde en Jorgos die vloekend een schaal vlees op tafel zette. Jorgos die voor al zijn stamgasten een bijnaam had en wist wat ze aten.

'Blinde (Remco van der Schaaf): pasta, wijntje erbij!'

'Che Guevara (Goeram Kasjia): salade met stukkie kip!'

'Lelijkerd (Theo Janssen): lam, octopus, alles eigenlijk!'

'Mafkees (Piet Velthuizen): altijd tzatziki-kipfilet!'

'Dikzak (Dejan Čurović): vlees, vlees, bergen vlees!'

Maar ook 'Bolle' (ook Theo Janssen), 'Balletje' en 'kutje' (Ester Bal): 'mafkees' (ik), 'psychopaat' (Jan Sommerdijk van Omroep Gelderland), 'The Godfather' (Merab Jordania) en 'kutkameel' (voor zijn Turkse en Marokkaanse keukenpersoneel).

Terug naar Ester Bal, ze organiseerde een afscheidsfeest.

'We doen het met z'n vieren: ik, de Bolle, Belletti en Bart Roetert, dat is de zoon van Bert Roetert die jij een halvegare vond en die in het bestuur heeft gezeten. We kwamen er net op tijd van elkaar achter dat we alle drie hetzelfde feest aan het organiseren waren. We zijn er druk mee, Bart, Belletti en ik, Theo stuurt vooral uitnodigingen. Wel komen! En het is een verrassingsfeest, dus bek dicht!'

Ik vroeg me af tegen wie ik het zou moeten zeggen.

'Weet ik veel, dat je het niet in een krant schrijft.'

We hadden het nog even over die keer dat ik Theo Janssen in Delphi interviewde voor nrc.next, een dag voordat hij officieel stopte als voetballer in 2014. Ester en ik zaten al een uur met de vingers in een schaal met eten toen Theo dan eindelijk de deur opengooide.

'Wat heb jij gisteren allemaal in dat ei geflikkerd?' vroeg hij aan Jorgos, na een korte omhelzing. 'Ik heb, ik zweer het, zes uur op de plee gezeten.'

'Jij wilde ei met alles erop en eraan, dan ga ik dat maken. Kan jouw lichaam niet tegen groente of zo?'

Theo: 'Groente? Je had er van alles in gegooid, ook friet.'

Jorgos: 'Dat is toch je lievelings? Ik dacht: die is gestopt, die hoeft nergens meer op te letten. Ik verwen je.'

Ester tegen Theo: 'Hoe gaat het?'

Theo: 'Aan de schijt dus.'

Hij keek naar de stapels papier, die ze op medium aan het sorteren was.

Theo: 'Ik doe niks. Ik ben er klaar mee.'

Ester: 'Ik vind het leuk als je wel iets doet, je blijft het boegbeeld van Vitesse.'

Theo: 'Boegbeeld, boegbeeld... Ga lekker zelf boegbeelden.'

De dag ervoor had hij op het laatste moment een afspraak met een Jakhals van *De Wereld Draait Door* afgezegd die de primeur van zijn afscheid zou krijgen. Het ging niet door omdat de club vond dat Vitesse TV als eerste moest brengen dat hij stopte met voetballen. Het nieuws werd vervolgens 'gelekt' op Facebook, waarna Vitesse in grote haast met een persbericht kwam.

Niet echt een afscheid in stijl.

Theo haalde zijn schouders op: 'Van de club heeft niemand mij gebeld, de trainer ook niet.'

Ester: 'Davy Pröpper toch?'

'Davy Pröpper kan na Theo Bos en mij de nieuwe Mister Vitesse worden, hij komt ook uit Arnhem.'

Tegen mij: 'Hoezo mag je *DWDD* niet afbellen? Dat doen zij toch ook de hele dag?'

Ester pakte het eerste papier van de stapel. '*Pauw & Witteman* wil je aan tafel...'

Theo: 'Alweer? Hoeveel keer moet je eigenlijk 'nee' zeggen tegen die gasten? Duurt een uur of zo, ik val erbij in slaap. Zeg maar dat ik kom als die ouwe niet meedoet.'

Ester: 'Je bedoelt meneer Witteman?'

'Ja, die saaie.'

'Afzeggen dus.'

'Heb je gezien wie daar allemaal komt? Pas ik daartussen? Nee, dus.'

'Humberto...'

'Aardige jongen, heb ik gisteren naar gekeken. Heel gezellig, maar niet echt veel diepgang, toch? Moet ik dan de hele tijd met die soapsterren over voetbal meelullen? En je mag ook niet van tafel als je klaar bent.'

'Rutger van *PowNews* wil met je door Arnhem wandelen. Hij mailt zelf dat het een positief item wordt.'

'Doet hij dat altijd? Heb je dat weleens gezien? Ik zal je zeggen hoe dat gaat. Drie halve zolen uit de stad gaan roepen hoe erg ze me missen, en daarna zie je mij in beeld een sigaret roken. Lachen, maar dat weten we nu wel.'

Ester: '*de Volkskrant*, Charles is een aardige jongen, wil een dagje met je scouten. Ik vind dat wel origineel.'

Theo wapperde met zijn hand: 'Over een halfjaar of zo.'

Hij rekte zich uit. 'Vanavond m'n eerste werkdag. Ik ben nu al kapot. Ik heb nog nooit gescout, hè?'

Die avond moest hij samen met oud-Vitesse-spits Bosko Bursać naar Jong Oranje-Jong Israël in IJmuiden.

'*Mag je roken in de auto?*

Ester: 'Bosko is gestopt, Marcel. Zou jij ook moeten doen.'

Theo: 'Raampje open dus.'

Ester: 'Wat zeg ik tegen *de Volkskrant*?'

Theo: 'Nu niet. Ik moet eerst effe inwerken. Ik heb nog nooit gescout, hè? Dat doe ik vanavond voor het eerst, dan heb ik geen zin dat er meteen eentje in mijn nek hangt.'

Hij deed een stemmetje na: '"Waar let je op?" "Waar

kijk je naar?" "Mis je het voetbal?" En de ergste: "Hoe voel je je?"'

Daarna: 'Over mijn privéleven zeg ik sowieso niks.'

Ester: 'Ik antwoord: over een halfjaartje. Oké?'

Theo: 'Ik doe alleen nog maar bekenden. Gerard van *De Gelderlander*, Jan van Omroep Gelderland... Heb je zijn item gezien? Heel mooi, met allemaal doelpunten van mij. Heel wat beter dan Vitesse TV, wat een schijtitem. Een grote schande. Zie je mij op een fietsje zitten, volgens mij was ik voetballer. Als mensen mij op televisie willen zien, laat ze dan dat item van Omroep Gelderland uitzenden.'

Tegen mij: 'Heb jij dat gezien? Vitesse TV?'

'Ja, heel slecht.'

Theo tegen Ester: 'Hij krijgt ook een interviewtje, toch? Welke krant nu weer? *NRC* NEC?'

'*nrc.next*.

Ik gaf hem het exemplaar dat in mijn tas zat.

Theo: 'Zo, een carrièrebijlage. Interessant.'

Voetbal International belde. Of hij naast Johan Derksen en Johan Boskamp aan tafel wilde zitten?

'Tijdens het WK,' zei Theo. 'En alleen met Hugo Borst erbij.'

Ester tegen de redacteur van *VI*: 'Het is een 'ja' voor tijdens het WK, maar alleen als Hugo Borst aan tafel zit.'

Theo: 'Dat was een grapje.'

Ester: 'Wat?'

Theo: 'Dat van Hugo Borst. Hansie-Hansie, Gijp en die bolle zijn ook goed. Zeg maar dat ik het wil presenteren. Wat weet die Genee nou van voetbal? Die was keeper bij de amateurs.'

Tegen mij: 'Een beetje over voetbal lullen vind ik leuk. Analyseren en zo.'

Ester, die inmiddels had opgehangen: 'Dat kun je ook goed.'

Theo: 'Daarom hebben ze me nu toch ook scout gemaakt? Omdat ik het spelletje zo goed zie.'

'Wat doet een specialistentrainer?' vroeg ik. 'Dat stond ook in het persbericht, dat je specialistentrainer wordt.'

'Dan train je op bepaalde vaardigheden,' zei Theo. 'Moet ik je dat helemaal gaan uitleggen? Goede spelers kijken naar de keeper en niet naar de bal. Dat soort dingen.'

Tegen Ester: 'Waarom heb jij het persbericht niet gemaakt zoals ik het wilde?'

Ester: 'Ik vond 'Theo Janssen kapt ermee' te kort.'

Gemiste kans.

Hij sloeg me op de schouder: 'Stel maar een vraag.'

'Heb je alles uit je carrière gehaald?'

Hij somde de gewonnen prijzen op: twee landstitels en een KNVB-beker. 'Ik ben heel tevreden. Ik vond voetbal nooit het belangrijkste. De eerste paar jaar wel, maar daarna werd het een beroep. Ik ging naar mijn werk. Het gezin stond bij mij op één, daarna kwam het voetbal.'

'En als je er wel voor had geleefd?'

'Dan was ik na zes jaar al gestopt, dat is geen leven.'

Jorgos zette een schaal met broodjes op tafel. 'Zijn jullie nu nog aan het lullen? Hier, eten.'

Theo: 'Wat heb je nou weer gekookt?'

'Brood.'

Ester: 'Lekker, Jorgos!'

Van alle clubs waarvoor hij had gespeeld vond Theo Vitesse de mooiste. 'Logisch toch? Arnhemmers doen tenminste normaal, die gaan niet met een vlaggetje zwaaien als je met 2-0 achterstaat. Zal ik een ranglijstje voor je maken? Op vier Genk, ik ben een halfjaartje in België geweest. Wat ze daar goed voor elkaar hadden, was dat plein voor het stadion. Daar stonden ze twee uur voor de wedstrijd al bier te drinken. Gezellig, niet uit van die plastic bekers als bij ons. Op drie Ajax. Leuk om daar even geweest te zijn. Ze dachten daar geloof ik dat ik in de kleedkamer wel even zou zeggen hoe het moest, maar zo zit ik helemaal niet in elkaar. Ik zou nooit in Amsterdam willen wonen, veel te druk. Die mensen daar willen allemaal iets van je. Op twee FC Twente. McClaren was de beste trainer die ik heb gehad. Heel relaxed, hij wist precies hoe hij met me om moest gaan.'

Hij liet een sms van een Vitesse-fan zien. Er stond: 'Je stopt: ik moet het nog een plaatsje geven. Ik moet het nog allemaal verwerken'.

'Een beetje overdreven,' zei Theo.

Ester pakte zijn telefoon af.

'O, dat is mijn buurjongetje,' zei ze.

Theo: 'Hou die 'ns effe kort dan.'

Er schoof een oudere man aan. Willy den Hartog, gespecialiseerd reparateur in horeca-apparaten. Hij gaf ons allemaal een visitekaartje.

'Acht spelfouten,' zei ik.

Theo: 'Als het telefoonnummer maar klopt.'

Jorgos: 'Hij is journalist, die letten daarop. Bij mij op de gevel staat EERLIJK ETEN. Ze zeggen altijd dat ik de 'h' ben vergeten. Maar het is niet 'heerlijk eten', het is 'eerlijk eten'.'

Theo: 'Klopt.'

Willy den Hartog: 'Ik dacht: lekker goedkoop, ik laat het een Turk doen.'

Hij stond op, gaf Theo een hand en maakte een buiging.

'Ik vind het echt heel, heel erg dat je gestopt bent.'

Theo: 'Ik niet.'

Willy den Hartog: 'Had je geen zin meer of zo?'

Theo: 'Ik was er klaar mee. Ik hoop dat iedereen me nu met rust laat.'

Willy den Hartog: 'Dat had ik ook met m'n eerste vrouw. Als dat gevoel de kop opsteekt: gewoon het touw doorhakken. Binnenkort geef ik een feest, dan ben ik 25 jaar gescheiden.'

Jorgos: 'Misschien moet je effe wat apparaten gaan repareren.'

'Dat is Arnhem,' zei Ester toen Willy den Hartog opstond.

'Ja,' zei Theo, 'mooi toch?'

Veel later, toen ik met Theo Janssen voor dit boek door Arnhem wandelde en hij me vroeg wat voor 'oud materiaal' ik allemaal in dit boek ging flikkeren om het lekker dik te maken en ik zei dat eigenlijk alleen dit interview in aanmerking kwam, zei hij: 'Echt? Die vieze rotzooi?'

Even later vond hij het niet eens zijn slechtste interview.

'Leuk voor Jorgos en Ester, krijgen die ook nog een eerbetoon.'

Twee weken later

In Delphi zat de stemming er vanaf een uur of zes goed in. Wat hielp was dat Vitesse die middag met 5-0 van FC Twente had gewonnen. Walter Witlov, de huis-dj van Vitesse en tevens zanger en componist van het lied 'In Ernem wil ik zijn' knikte naar Theo Janssen, die met de handen omhoog stond te dansen. Ik zag nieuwe tatoeages in de nek en op de handen.

Het bier was gratis, eten was er te veel. De 'kutkamelen' gingen rond met schalen vol vleesspiesjes.

'Neem nou, we hebben de vriezer leeggeschept. Neem nou, het vlees mot op. Neem nou, het wordt koud.'

Ester Bal tegen een serveerster die een winterjas droeg: 'Haha, net zo koud als jij zeker.'

Het was niet de goede avond voor diepte-interviews.

Kees Bakker, oud-politiecommissaris en oud-voorzitter van Vitesse was er.

Hij zag er slecht uit.

Ik: 'Hoe gaat het?'

Kees: 'Naar omstandigheden.'

Zijn vrouw: 'Kanker, hè.'

Ik, refererend aan clubicoon Theo Bos die aan de ziekte overleed en over wie ik een boek schreef: 'Ook al?'

Kees: 'Ja, het heerst.'

Paul van der Kraan, ex-algemeen directeur, op het moment van schrijven nog in dienst van FC Den Bosch: 'Jorgos is een fenomeen, in feite werd de club jarenlang vanuit hier geregeerd.'

Vanuit een ooghoek zagen we Jorgos met een stapel borden uit de keuken komen. Dj Walter Witlov kon nu ieder moment de sirtaki gaan draaien. Toen Nikos Machlas nog bij Vitesse speelde, sneuvelde er in Delphi wekelijks een servies. Nu ging de hele inventaris eraan.

Voormalig Vitesse-speler Frans Thijssen: 'Ik weet echt geen zinnig woord over Jorgos te zeggen, echt niet. Bijzonder is-ie wel.'

Oud-Vitesse-speler Remco van der Schaaf: 'Wat ik nou doe? Helemaal niks. Ik ben na mijn carrière in het zwarte gat gevallen.'

Oud-Vitesse-speler Ruud Knol had een nieuwe jas.

Voormalig Vitesse-speler Arco Jochemsen was bij de promotiewedstrijd van Fortuna Sittard geweest.

Oud-elftalleider Wim Jansen had een nieuwe bril.

Joost de Wit, de huidige algemeen directeur van Vitesse, begon over Russische eigenaren en Russische trainers en dat hij helemaal geen last had van Russen. 'Ik gun iedere Nederlander een Russische baas.'

Oud-Vitesse-bestuurslid Bert Roetert zei dat Jorgos zijn beste vriend is, dat hij voor Jorgos een heel dure fles whisky had gekocht en dat hij zijn kinderen had opgevoed met de drie e's: 'energie, eenvoud, eerlijkheid'. Hij had diverse topfuncties gehad, ook in het buitenland, maar altijd een huis in Arnhem aangehouden. 'Zodat ze nooit over me kunnen zeggen dat ik geen Arnhemmer meer ben. Jij hebt de stad wél verraden.'

Ik probeerde Bert uit te leggen dat niet iedereen zich meerdere huizen in verschillende steden kan permitteren.

Ester Bal onderbrak het gesprek.

'Mars, kom effe mee naar Theo. Kom nou mee-hee, Theo wil je wat vragen.'

Theo stond achter in de zaak, een arm om Linda, zijn nieuwe vriendin.

Hij gaf me een biertje.

'Jij zat toch altijd te zeiken dat je een boek wilde maken? Nou, dat mag nu.'

Ik moet hem verbaasd hebben aangekeken.

'Een beetje laat,' zei ik. 'Heb je een verhaal?'

Hij herhaalde wat ik zei, met een verdraaide stem.

'"Heb je een verhaal?" vraagt-ie. Ik ben het verhaal.'

Ester Bal: 'Theo is Theo, Mars, dat weet jij ook wel.'

Theo: 'Doet-ie het of doet-ie het niet?'

Ester Bal: 'Geef 'm een hand, Mars. Als je elkaar een hand schudt is het een deal.'

Ik gaf Theo een hand.

Ester spuugde erop.

Theo zei dat ik mijn biertje in één keer achterover moest gooien, hij bestelde alvast een nieuw om te vieren dat we nu samenwerkten. Hij lag in scheiding met zijn vrouw, die in het boek niet bij naam genoemd mocht worden omdat dat voor complicaties zou zorgen.

'We noemen haar 'de ex', zei hij. 'Ik ben ook gestopt met roken, ik was al wel eerder gestopt, maar de ex rookte wel dus dat werkte niet.'

Ik zei dat ik ook gestopt was.

Theo: 'Ben jij ook weg bij je ex?'

Stamgast Mehmet – roepnaam 'Belletti', naar Juliano Belletti, een oud-speler van Chelsea en FC Barcelona – passeerde.

'Weet je hoe we hem hier noemen?' vroeg Theo.

'Ja, Belletti,' zei ik.

'Nee, 'verbrand schaap',' zei Theo, 'kijk maar, hij heeft een litteken in zijn nek.'

'Belletti' zei dat hij Theo had leren kennen bij Jorgos, dat Theo gewoon een aardige gozer voor hem was en dat hij hem niet als idool ziet en dat hij vroeger iedere dag zijn taxi voor Delphi parkeerde.

'Op een gegeven moment begon ik me toch af te vragen wie die gekke flikker was die me iedere dag helemaal stijfschold. Eigenlijk liep ik hier naar binnen om die

Griekse gek op zijn bek te slaan, maar het klikte meteen. Ze zeggen altijd: Grieken en Turken dat gaat niet goed, maar we zijn samen op vakantie geweest. Ik hou van Jorgos, hij begrijpt mij. Ik hou ook van Theo.'

Theo: 'Ik hou niet van hem. Ik hou alleen maar van mezelf.'

Ester Bal: 'Ik hou van Arnhem.'

Theo: 'Dat is hetzelfde.'

Daar waren we het dan over eens.

Iemand riep of iedereen even zijn bek wilde houden.

Bert Roetert hield een toespraak.

Daarna onthulden Theo Janssen en Ester Bal gezamenlijk het cadeau waarvoor ze geld hadden ingezameld: een kartonnen standbeeld van Jorgos met een stijve lul.

Voetbalhumor, Jorgos was ontroerd. 'Als ik zie hoeveel vrienden ik nu heb... Ik zou eigenlijk een politieke partij moeten beginnen...'

Het oude clublied van Vitesse werd gedraaid, gevolgd door house, daarna zong een zanger Nederlandstalige hits. Theo Janssen, die eigenlijk niet wilde, werd eerst geroepen en daarna naar voren gesleept en gedwongen om een lied te zingen.

'Laat mij nu maar gaan' van André Hazes.

Laat mij maar gaan
Laat mij maar gaan ook al ga ik door 'n hel
Toch zei ik: ik red me wel
Laat mij nu maar gaan

Heel m'n leven had ik altijd zoveel mensen om me heen
Maar ik zoek nu toch de stilte dus ik vraag aan iedereen
Toe laat mij alleen

Ik keek naar Theo, hij wilde niet zingen maar deed het toch: het lot van de excentriekeling.

Ze scandeerden zijn naam.

Toen het klaar was, liep hij zo snel mogelijk terug naar achteren en sloeg een biertje achterover.

Marieke Bos, weduwe van Vitesse-held Theo Bos, zei dat ze nog steeds iedere week op de hoofdtribune van Gelre-Dome Vitesse naar voren zat te schreeuwen. Ester Bal liep naar de zanger toe toen die het waagde een Amsterdamse medley in te zetten en zei: 'Arnhem zingen, nu Arnhem zingen.'

Even later hield hij maar op met zingen.

Hij werd betaald met een decoratie naar keuze die hij zelf van de muur mocht trekken.

Een halfuur later liet Theo Janssen een Grieks borstbeeld, dat leek op die kop in het logo van Ajax, uit zijn handen flikkeren.

Hij riep naar mij: 'Schrijf je dat effe op, dat ik die als eerste kapot heb gegooid?'

Jorgos gooide borden kapot.

De eerste platen van het systeemplafond lieten los.

'Het is hier net het Boekenbal,' zei Belletti, 'daar slopen ze toch ook altijd alles?'

Ester Bal: 'Ja, maar daar zit geen asbest in.'

De gesprekken gingen nu over welke voetballers het meeste vlees konden eten.

'Ik zie Diarra nog zitten,' zei Jorgos. 'Zo'n berg gyros! En Theo vrat natuurlijk ook alles weg. Vlees, maar ook octopus. Pietje Velthuizen: tzatziki-kipfilet of shoarma met twee bakjes knoflooksaus, stonk-ie daarna de hele week.'

We keken naar Theo Janssen, dansend met een vleesspiesje in de hand.

Ik wilde weg en zei hem gedag.

Ik moest toch nog bier drinken. Theo trok een serveerster aan de arm. Het bier kwam uit een kan, de tap was kapot, iemand had ergens een rubber slang uit getrokken.

'Dit is alvast hoofdstuk 1, hoofdstuk 2 en hoofdstuk 3,' zei Theo. 'We zijn al bijna klaar.'

Hij kuste Linda op de mond.

'Ik bel volgende week,' zei ik, 'ga ik in de tussentijd een uitgeverij regelen.'

Theo: 'Welke? Die van de klootviool?'

Wat?

Theo: 'Van die bolle, van Derksen toch? Gaan we bij

Voetbal Inside aan tafel zitten, maken we ze helemaal gek.'

Daarna: 'Doe maar een whatsappje, ik neem anders niet op.'

Ester tegen mij: 'Doe effe normaal, je gaat niet nu al weg.'

Ze hing aan mijn jas.

'Dit is ook Vites, Mars. Dit is ook Vites.'

Ik kon niet meer.

'Ik heb kleine kinderen,' zei ik, 'ik ben kapot.'

Jorgos, die er ook bij kwam staan, zei dat iedereen kleine kinderen heeft. 'Ik heb niet voor niets een grote lul gekregen, je weet niet waar ze allemaal zijn, al je kinderen...'

Ik zei dat ik toch ging, dat ik een boek over Theo Janssen ging schrijven en of hij een voorwoord wilde schrijven.

Jorgos: 'Theo is mijn zoon, ik ga door het vuur voor Theo. Mijn leven is als een voetbalclub, Mars. Ups en downs. Ik voel me nu als FC Twente, dat gaat nu ook naar de kloten, maar zo gaat dat. Ik heb hier jarenlang iedereen van Vites over de vloer gehad. Ik zat met mijn vingers in de honingpot, maar ik heb nooit zitten likken. Vraag maar aan Theo.'

Theo sloeg een arm om mijn nek. 'Hoe ga je het aanpakken? Losse hoofdstukjes? Of zo'n lange lap tekst?'

'Wat wil jij?'

'Korte hoofdstukjes, grote letters, liever geen diepgang. Een beetje humor.'

'Ik kan mezelf wel Theoloog gaan noemen.'

'Hoezo?'

'Nou omdat ik ook al een boek over Theo Bos heb geschreven. Ook een Theo.'

'Ja, wat bedoel je nou?'

'Die heette ook 'Theo'.'

'En wat is de grap dan?'

Ik wilde het gaan uitleggen, maar hij sloeg me op de schouders.

'Ik wil dat het af is met Sinterklaas. Heb je het af met Sinterklaas? Dan kunnen de mensen in het in elkaars schoen doen. In elkaars voetbalschoen.'

Ester: 'Ik pis zowat in m'n Boks van het lachen.'

Ik wenste iedereen nog een fijn leven en verliet voor de laatste keer Grieks restaurant Delphi. Toen ik het pand de volgende ochtend passeerde, lag de inventaris op de stoep.

New things, new things upcoming...

Theo kwam op de scooter naar het terras van Caspar in de Arnhemse wijk Klarendal. Korte broek, ongeschoren, hij leek dikker geworden. De euforie over het maken van een boek was bij mij gezakt omdat het door bemoeienis van de vrouw van Theo's zaakwaarnemer zes weken had geduurd voor alle formaliteiten waren afgehandeld.

Ik had Ester Bal gevraagd om erbij te zitten. Ze had jarenlang met Theo gewerkt en zou bij eventuele onenigheden als intermediair kunnen fungeren, want er moesten wel afspraken worden gemaakt. Zelf zag ze het vooral als een leuke onderbreking, want ze zat, om het eufemistisch te stellen, 'between jobs'.

Theo vouwde zich in een stoel en zei dat het lekker interview-weer was.

'Meteen vol op de inhoud, koffie erbij.'

'Hoe gaan we het aanpakken, Theo? Wat is het plan?

Theo: 'Het plan? Dat is jouw afdeling, toch?'

Ester: 'Jij wilde toch ergens heen, Mars?'

Tegen Theo: 'Naar alle plaatsen waar jij hebt gespeeld. Amsterdam, Enschede, Genk..'

Theo: 'Zullen we in Arnhem beginnen? Enschede heb ik ook wel zin in. Vrijdagavond, lekker naar de Keuken Kampioen Divisie. Even een hapje eten van tevoren.'

Ester: 'O lekker, uit eten! Kies dan wel effe wat goeds, Theet. Niet van die rotzooi. Ik heb zo'n zin in dit project. Leuk, met z'n drietjes naar een wedstrijd, net als vroeger.'

'Ik bedoel meer: wat wil je vertellen? Waar gaat het verhaal naartoe? Wat maakt de hoofdpersoon mee? Is er een dramatische ontwikkeling?

Theo: 'Nou, ik denk dat ik genoeg te vertellen heb. En jij schrijft dat op, toch? Of doe jij niks?'

'Ja, ik schrijf het op, maar is er een rode draad?

Theo: 'De rode draad is Theo Janssen.'

Ester: 'Is er al een titel?'

Theo: 'Ik zat zelf te denken aan *De laatste cultheld*, zo noemen ze me.'

'Slechte titel, dat zeg je niet over jezelf.

Theo: 'Nee, dat zeggen anderen.'

Daarna: 'En ik wil ook niet zo'n kutfoto op de kaft. Ze moeten me niet mooier maken dan ik ben, ik vind een doorleefd hoofd mooi.'

Tegen mij: 'Jij hebt ook een doorleefd hoofd. Met allemaal rimpels en wallen.'

'Ja, ik heb twee kinderen. Daarom wil ik ook weten waar ik aan toe ben. Je moet me de vrije hand geven,

geen gedoe achteraf. Je kunt niet hele stukken schrappen.

Theo: 'Dus je gaat er weer net zo'n kutboek van maken als de vorige? Mooi zo. Ik zeg toch niets wat ik niet wil zeggen. Ik kan je al wel zeggen dat 'de ex' niet erg enthousiast is. Ik ga helemaal niks negatiefs over haar zeggen. Anders ga ik failliet. We moeten het huis ook nog verkopen, ik heb geen zin in gezeik.'

'Maar iedereen weet wie zij is. Als je 'vrouw van Theo Janssen' googelt zie je haar naam.

Theo: 'Ja, en? Hoef jij het nog niet te verklappen. En zo zijn er nog wel een paar dingetjes.'

Zoals?

Theo: 'Ja, dat zeg ik dan wel.'

Ester: 'Ik denk dat ik wel weet wat.'

Theo: 'Ja dat.'

'Er is dus geen verhaallijn...

Theo: 'Je kunt toch schrijven dat ik de trainerscursus doe? Ik ben daar heel fanatiek mee bezig. Analyseren vind ik ook leuk. Tenminste, bij een serieus programma. En ik assisteer Dennis van Beukering bij Vitesse onder 19.'

'Kan ik een keer mee naar een wedstrijd?

Theo: 'In de bus? Naar Groningen zeker? Dan gaat niemand met je praten en zit je helemaal alleen bij een raampje. Bovendien moet ik dat eerst vragen bij de club. Ik weet nu al wat die gaan zeggen.'

Ester: 'Die zeggen 'nee'. Watjes.'

Theo: 'Zou ik ook zeggen als ik hun was. Hoe moet ik

dat brengen, trouwens? Zo van: O, ja, die gek die jullie allemaal zo haten zit ook in de bus? Denk niet dat dat gaat werken.'

'Wat vind jij een goed voetbalboek?

Theo: 'Pfff, ik ben niet zo'n lezer. Als je bij mij thuis komt zie je daar, denk ik, nul boeken. Het lijkt me gewoon leuk, een boek. Eigenlijk heb ik alleen jouw boek over Theo Bos uitgelezen.'

Hij gaf me een klap op mijn schouder.

'Vond ik een goed boek!'

Daarna: 'Ik heb stukjes uit dat ding over Andy van der Meijde gelezen. Dat wil ik dus niet. Ik hou niet van dat ordinaire. Ik vind dat het in mijn boek moet gaan over de mens Theo Janssen, de voetballer die misschien minder heeft bereikt door hoe hij was en hoe hij leeft. Mijn ex hoeft er dus niet in. Of had ik dat al gezegd? Alles wat ik heb uitgespookt hoeft er ook niet in. Ik hoef mijn hele privéleven er niet in.'

'Een beetje als het eerste boek over René van der Gijp? Dat was grappig vanwege de schrijfstijl van Michel van Egmond.

Theo: 'Nou ik ken die hele Michel niet, maar gooi er maar een beetje humor in. Dat is jouw probleem, mag jij lekker oplossen.'

'Je hoeft van mij niet te zeggen met wie je het allemaal gedaan hebt, of over hoe je huwelijk was.

Theo: 'Alsof ik dat jou aan je neus ga hangen.'

Ester: 'Ja, bespaar ons in godsnaam de ranzige details, ik vind dat altijd verschrikkelijk om te lezen. Je ex heeft het trouwens nooit leuk gevonden om er met de haren bij te worden gesleept. Weet je nog? Dat interview in *Volkskrant Magazine*? Toen was het huis ook te klein. Moest ik proberen om alles er weer uit te slopen.'

Theo: 'Ja, echt een rukinterview. Laatste keer dat een vrouw me heeft geïnterviewd.'

Ester: 'Sara Berkeljon, die had jou he-le-maal ingepakt.'

Theo: 'Maak gewoon een boek over hoe ik me heb ontwikkeld van kleins af aan tot nu, alles wat ik heb meegemaakt in het voetbal.'

Ester: 'Marcel vergroot dat soms uit, dat maakt je ook sympathiek. Anders is er geen reet aan.'

Theo: 'Prima toch?'

Tegen mij: 'Ik ga gewoon lullen en jij gooit het een beetje door elkaar. Wat je altijd doet, toch? Een beetje rondkijken, een beetje luisteren en dat dan lekker opschrijven. Voor Sinterklaas klaar en dan de opbrengst fiftyfifty. Dat is allemaal goed geregeld? Daarom deed die vrouw van mijn zaakwaarnemer zo lang over die contracten.'

'Ik ga niet de hele tijd vragen stellen, ik ga je ook observeren.

Theo: 'O ja? En wat zie je dan?'

'Op het feest bij Jorgos zag ik dat je tegen je zin een liedje stond te zingen. Je deed dat omdat de mensen dat van je wilden. Ze denken: daar is Theo Janssen, dat

wordt lachen. Ze denken dat je overal schijt aan hebt.

Theo: 'Klopt. Mensen die mij kennen zeggen allemaal: "Wat er over jou gezegd en geschreven wordt, dat klopt niet. Zo ben jij helemaal niet."'

'Waar stoor je je het meest aan?

Theo: 'Dat ze denken dat ik schijt heb aan alles, dat ik maar wat doe. Mensen die mij beter kennen weten dat ik juist heel veel nadenk over dingen.'

Ester: 'Jorgos zegt dat jij een academisch brein hebt.'

'Desondanks val je bij het kampioensfeest van FC Twente op de snelweg omdat je bier wilt pakken. Dat vinden mensen dan geweldig.

Theo: 'Ja, dat kleeft ook aan mij. Ik denk op veel momenten niet na. Ik doe dan dingen waarvan ik achteraf denk: misschien was dit niet heel slim. Dat is mijn valkuil: dat ik vaak dingen doe of zeg zonder erover na te denken.'

'Ik vat het even samen: in tegenstelling tot wat mensen veronderstellen, denk je juist heel veel over dingen na, alleen gebeurt dat vaak pas achteraf. Dus nadat je iets hebt gedaan zonder erover na te denken. En je stoort je eraan dat mensen denken dat je maar wat doet.

Theo: 'Ja dat en dat ze denken dat ik overal schijt aan heb.'

Ester: 'Theo heeft gewoon een impulsief kantje. Je denkt juist heel veel na, maar op sommige momenten even niet na. Ik snap dat wel.'

Theo: 'Mooi gezegd, Balletje! Op dat soort momenten laat ik het gebeuren, dan ben even helemaal niet bezig met hoe mensen over me denken. Ik denk dat meer mensen met een academisch brein dat hebben.'

Er meldde zich een jongen met een ouderwetse pet op het hoofd.

Hij stelde zich voor als Robbie Jansen, directeur van het bedrijf Social Media op 1.

Theo: 'Hij doet mijn socials. Tenminste, Instagram. Twitter doe ik sinds kort weer zelf. Hij is trouwens geen familie.'

Robbie had zin in 'het project'.

Theo: 'Logisch, ik betaal hem.'

Robbie: 'Ik ga zo wat foto's maken. Trek ik er een filtertje over. Tekstje erbij; is er al iets bekend over de inhoud?'

'Misschien wachten tot we een titel hebben?

Theo: 'Doe maar mysterieus...'

Tegen mij: 'Suspense, is-ie goed in.'

Een paar uur later zag ik een tweet voorbijkomen, met een foto van Theo en mij. Begeleidend tekstje: *'New things, new things upcoming...'*

Nadat Robbie weer weg was, zei Theo: 'Wist je dat ik tegenwoordig op de Theo Bos-tribune tussen de gewone supporters zit? Niet meer op West tussen de saaie mensen. Ik zit links van het sfeervak, en dan redelijk naar beneden. We zijn met een groepje van vijftien tot twintig. Ik sta in het midden, dan heb ik van niemand last. Petje op, biertjes drinken.'

'Wel leuk om ook een keer mee te gaan.

'Heb je hem weer. Ga je achter me aanlopen of zo? Nou, liever niet. Zit echt niemand op te wachten. Ik wil je wel een keer een handje komen geven. Op zondag heb ik wel een kater trouwens. Op zaterdag gaan we vaak drinken. Ook weer met die groep.'

'Wie zijn die mensen?

'Mijn vriendin dus, en veertien tot vijftien mensen die ik via haar heb leren kennen. Ze heeft een vriendengroep.'

'Mag haar naam wel in het boek?

'Ja, Linda. L-I-N-D-A.'

'Ik wil wel naar België, naar Genk, dat is waar ik jou voor het eerst heb gesproken.

'Ik herinner me er niets van.'

'Ik interviewde je voor HP/De Tijd. *Ik werd opgehaald bij het station door Sef Vergoossen, dat vond je een aardige man. Je had helemaal geen zin. Je klaagde dat je naast het carillon was gaan wonen. Je hield van films kijken en seks en je had net verkering met je ex. Dat was ongeveer de strekking van ons gesprek.*

'Ik kan dat appartementje waarin ik zat opgesloten nog zo uittekenen, daar zat inderdaad een kroegje naast. Daar zaten wij vijf dagen per week.'

Ester: 'Lekker naar België. Nemen we een hotelletje?'

Theo: 'Hotelletje? Wat voor boek wordt dit eigenlijk? Ik zal aan het vrouwtje vragen of ze ook mee wil. Want ik ga niet alleen.'

Ester: 'Ik slaap wel apart, ik hoef echt niet bij jullie op de kamer.'

Theo: 'Hoezo "bij jullie" op de kamer? Ik ga met niemand op de kamer. Ik sliep op trainingskampen ook altijd alleen. Er wilde helemaal niemand bij mij op de kamer. Ik snurk. En als het toch moest, liet ik meteen een ruft, dus dan bedachten ze zich wel.'

'Denk je dat het vrouwtje mee wil?

Theo: 'Dat moet ik dan vragen, hè?'

Ester: 'Het klinkt alsof je alweer onder de plak zit.'

Theo: 'Echt niet. Door haar zit ik in een andere levensfase, laten we het daarop houden.'

'Is dat een verbetering?

'Natuurlijk is dat een verbetering, anders had ik niet in dat nieuwe sociale patroon, zoals jij dat noemt, gezeten. Ik heb haar vrienden er ook bij gekregen. Ik merk gewoon dat ik in al die jaren dat ik heb gevoetbald nooit echt vriendschappen heb opgebouwd. Ik heb iedereen een beetje op afstand gehouden. Ik ben altijd bezig met de vraag waarom mensen om me heen hangen. Is dat omdat ik geld heb of omdat ik Theo Janssen ben? Mensen hebben gewoon van me geprofiteerd.'

'Hoe dan?

'Ik ben niet iemand die over geld nadenkt, bijvoorbeeld.

Dus als ik ergens naartoe ga, pak ik de rekening. Standaard. Of ik nou met drie man ben, of met tien. En dan maakt het ook niet uit of de rekening dertig of driehonderd euro is. Ik betaalde altijd. Daar heb ik veel geld aan verloren.'

'Maar was er dan niemand die je daarop wees?

'Nee. Ik kom uit een situatie waarin het normaal was dat je niets had. Als je dan in één keer, op je zestiende, relatief veel geld krijgt, ga je dat uitgeven. Van mijn zestiende tot en met mijn drieëntwintigste had ik standaard nul euro op de bank staan. Ik maakte alles op, en soms nog veel meer dan dat. Ik denk dat veel voetballers het moeilijk vinden om met geld om te gaan. Er is niemand die je vertelt wat slim is om te doen. Als je uit een wijk komt waar geld normaal is, kunnen je ouders of je buren je adviseren. Bij ons had niemand geld, dan kunnen ze je ook niet vertellen hoe je ermee om moet gaan.'

'In het begin van je carrière werd in interviews consequent benadrukt dat je uit volkswijk Het Broek komt. Het was altijd het verhaal van volkse Theo. Kratten bier in de voortuin en met z'n allen vechten tegen de politie.

'Ik ben geboren in Broek, maar opgegroeid in het Statenkwartier. Het werd allemaal erg overdreven in de kranten. Iedereen zat inderdaad buiten. Tuurlijk zaten ze dan met een kratje bier, tuurlijk gebeurde er weleens wat. Er werd weleens geschoten, maar voor de rest was het gewoon een gezellige wijk. Iedereen lette op elkaar.'

'Uit wat voor gezin kwam jij?

'Mijn vader heeft altijd hard gewerkt. Hij heeft in een garage gewerkt, hij is fietsenmaker geweest, stratenmaker... Net zo lang totdat hij werd afgekeurd vanwege zijn rug. Daarna was hij *handyman*. Klusjes doen bij de mensen thuis. Hij heeft bij mijn zus en bij mij het hele huis betegeld en geschilderd.'

'Met hoeveel waren jullie thuis?

'Met z'n zessen. Ik heb een oudere zus, een oudere broer en een jonger broertje.'

Ester: 'Noem effe namen, Theet. Anders is het voor de lezers niet te volgen.'

'Nou, mijn zus heet Patricia, daar ga ik het meest mee om. Dan heb ik nog een oudere broer, Patrick. Die kon ook wel aardig voetballen, hij heeft bij alle amateurclubs in Arnhem gevoetbald. Hij woont nu in Millingen. We hebben wel contact, maar niet echt veel. Johan is een jaar jonger dan ik. Die heeft in zijn jeugd een auto-ongeluk gehad, waardoor hij langere tijd in coma heeft gelegen. Later is hij ook nog een keer uit het raam gevallen. Van één hoog naar beneden, bam op zijn hoofd. Dus die heeft meer meegemaakt dan gemiddeld. Het is medisch bewezen dat hij wat sneller opgefokt is en dat hij soms zijn emoties wat moeilijker kan bedwingen. Hij heeft een wat korter lontje. Mijn moeder heeft altijd voor ons gezorgd, ze smeerde 's morgens onze broodjes, ze was eigenlijk altijd thuis. Mijn ouders waren heel jong toen ze kinderen kregen. Mijn moeder was volgens mij zeventien.'

'Hoe hebben ze elkaar leren kennen?

'Mijn vader schijnt dj te zijn geweest. Dat zei mijn moeder laatst nog, dat-ie vaak plaatjes draaide op feestjes. Nou, die hebben elkaar toen dus ontmoet en dat is dus een relatie geworden. Volgens mij heeft mijn moeder voor hem nooit iemand anders gehad. Ze is altijd bij hem gebleven tot hij vorig jaar overleed.'

'Was het gezellig thuis?

'Het was op zich wel redelijk gezellig, behalve als mijn vader te veel gedronken had. Wij zijn grootgebracht bij MSAV, de voetbalclub. Daar waren we altijd. Mijn vader zat in het bestuur en werkte achter de bar. We voetbalden allemaal en na het voetballen bleven we meestal hangen. Als iedereen weg was, gingen we eten bij het Smulhuis in Arnhem-Zuid. Dan werd hij meestal wel luidruchtig.'

En dan?

'Ja, dan was het mooi geweest, hè? Dan gingen we naar huis en stopten ze ons in bed. Hij kon weleens wat agressiever worden of wat wilder, maar dan waren wij wel zo aanwezig dat het daar ook bij bleef. Mijn moeder is een lief, zacht persoon. Ze deed alles voor mijn vader. Voor mij ook trouwens. Als ik een lekke band had bracht zij me met de brommer naar de voetbalclub.'

'Hoe vonden jouw broers het dat jij altijd in de aandacht stond?

'Wat is dat nou weer voor vraag?'

'Ik heb zelf ook een gehandicapte broer, die vindt niet alles wat ik doe leuk.

'Even voor de duidelijkheid: Mijn broer is niet gehandicapt, hij kan alles. Hij heeft nergens last van. Behalve dan dat hij een kort lontje heeft.'

'Hoe vond hij het dat jij altijd alle aandacht kreeg?

'Dat moet je hem maar gaan vragen. Ik heb daar nog nooit over nagedacht. Ik kan me haast niet voorstellen dat iemand daar last van heeft. Ik sliep vroeger bij hem op de kamer. In een stapelbed. We hadden nooit van dat soort gesprekken. Dus ik weet het echt niet. Ik heb natuurlijk al vrij vroeg veel aandacht gekregen, dus voor mij is dat normaal. Rare vragen dit, trouwens.'

Ester: 'Mars hangt een beetje de psycholoog uit.'

Theo: 'Lekker dan. Wat zit er in z'n koffie? Lsd? Zal ik anders even over voetbal beginnen? Toen ik in groep 7 van de Hugo de Grootschool zat, werd ik in 1992 Nederlands kampioen schoolvoetbal. Iedereen zei ineens: "Hé, die kan wel aardig voetballen."'

In 2014 bracht Theo een ode aan het elftal van toen met een zelfontworpen T-shirt. Thema: 'Voetbal is oorlog. En altijd al geweest' dat in Klarendal werd gepresenteerd.

De clubleiding vernam het via Twitter en was *not amused*. Het feit dat Theo de foto van het jeugdelftal van de Hugo de Grootschool op het T-shirt had opgeleukt door er wat mitrailleurs en pistolen in te photoshoppen, was voor technisch directeur Mo Allach reden te panikeren. Met het eigen imago in het achterhoofd en de gemeenteraadsverkiezingen in aantocht, vond het prominente PvdA-lid pistolen en geweren geen prettige associatie.

Gerrie Elfrink, de Arnhemse SP-wethouder van Sport, zag in de presentatie van het T-shirt juist een prima gelegenheid om in de volksgunst te komen. Hij presenteerde zich aan de paar honderd Ernemmers op het plein als een hardcore Theo Janssen- en Vitesse-supporter, en vergat voor het gemak dat hij een paar jaar geleden in de gemeenteraad tegen een reddingsplan voor Vitesse stemde.

Theo Janssen kwam op met muziek van Coldplay: 'Viva La Vida.' Op het podium trok hij onder luid gejuich zijn leren jas uit.

'Misschien word ik later wel T-shirt-ontwerper,' zei hij in de microfoon, de kans dat hij ooit nog op de velden te zien zou zijn werd met de dag kleiner.

Zijn elftalgenoten van vroeger paradeerden met een Arnhemse vlag richting podium. Ook aanwezig was meester Grisel van de Hugo de Grootschool, die door Theo Janssen consequent 'meneer Griezel' werd genoemd.

Meneer Griezel: 'Theo was vroeger vooral goed in pauze houden.'

Theo Janssen: 'Nog steeds, hoor.'

Oud-elftalgenoot Marco van Campen, die opviel vanwege zijn postuur, zei dat Theo meer doorzettingsvermogen had dan de andere spelers.

'Vroeger was hij echt niet de beste. Ik trouwens ook niet. Ik deed voor spek en bonen mee.'

Theo Janssen: 'De bonen zijn weg, het spek is gebleven.'

Het T-shirt was al snel uitverkocht. De speaker kondigde aan dat Theo Janssen de shirts persoonlijk aan de kopers zou overhandigen.

Theo Janssen: 'Wie? Ikke? Echt niet.'

Wel was hij even later beschikbaar om met alle kopers te poseren voor de fotograaf in het wijkcentrum. Hij ging op de foto met honden, baby's en Arnhemse vrouwen in Theo Janssen-shirts, terwijl hij met een schuin oog zijn moeder en dochter in de gaten hield die in een hoekje een spelletje Mens-erger-je-niet speelden.

Na een halfuur had hij er genoeg van. De timing was perfect. Een vrijwilligster van het wijkcentrum pakte de microfoon om iedereen erop te attenderen dat er in het gebouw 'een waterpokkenvirus' heerste en dat het 'misschien niet zo slim' was 'om hutjemutje te gaan staan'.

'Gingen jullie vroeger op vakantie?, probeerde ik het diepte-interview te hervatten.

'Nee nooit, ik heb wel twee keer Ome Joops Tour gefietst, dat was fietsen voor jongeren die nooit op vakantie gingen. Moet jij wel kennen. Jij komt toch uit Velp?'

'Ik heb 'm ook een keer gefietst.

'Nou, ik twee keer, dat was dan het hoogtepunt van de zomer. Daarna wilde ik meteen een brommer. Ik haat fietsen, echt.'

Ester: 'Ik heb niet eens een fiets. Stomme dingen.'

Theo: 'Ik moet eerlijk zeggen: ik vind vakantie nu wel lekker, maar toen interesseerde het me echt geen reet. Niemand die ik kende ging op vakantie. De hele buurt was gewoon thuis.'

'Zie je nog mensen uit die tijd?

'Nee, heb ik toch al gezegd? Ik ben nooit zo'n vrienden-vriend geweest, geen jongen die heel veel vrienden om zich heen had. Ik vond het altijd leuk om met iemand te ouwehoeren, te kletsen, maar echt diep werd het nooit. Ik kan er niet tegen als mensen iets van me verwachten. Dat ze willen dat ik ook een keer op de stoep sta. Dat doe ik dus niet.'

'Je kunt dus niet tegen verplichtingen?

'Als er iemand jarig is, moet een berichtje voldoende kunnen zijn. En als ik dat vergeet, moet dat ook niet heel erg zijn.'

Ester: 'Nee hoor, ik vond het niet erg.'

'Zit jij dit nou op jezelf te betrekken?

Ester: 'Nou, ik heb 'm ook ongeveer een jaar niet gezien, dus.'

Theo: 'Was jij weer jarig dan? Ik vergeet dat gewoon. Dat doe ik niet bewust, maar ook als ik het opschrijf op de kalender op de wc vergeet ik het. Dat ga ik schijten, kijk op die kalender en als ik terug ben, denk ik: wat stond daar eigenlijk?'

Ester: 'Mijn verjaardag.'

'Maar mis jij dan nooit mensen?

'Ja, heus wel. Mijn vader is nu iets meer dan een jaar overleden, ik denk weleens: wat zou hij hiervan gevonden hebben? Maar er zijn ook mensen die niet meer in mijn leven zijn en die ik geen seconde mis. Wij komen uit zo'n grote familie. Mijn moeder kwam zelf ook uit een gezin van minimaal twaalf Jansens. Ze heet Martha Janssen-Jansen. Samen met al die broers en zussen van mijn vader erbij waren we met superveel. Wij zaten elke zondag bij oma. Daar stonden vaasjes met sigaretten op tafel. Kon je een sigaretje uit halen, dat kon je dan lekker oproken. Zaten er gewoon dertig mensen binnen te paffen en daar liepen wij dan tussendoor.'

'Nicky Hofs is toch ook familie?

'Echt niet. Nicky is met een nichtje van mij. Met het broertje van mijn moeder en daar de dochter van. Dus we zijn geen familie, maar het kan zijn dat we zijn aangetrouwd. Ik weet niet eens of ze getrouwd zijn.'

'Heb je krantenknipsels van vroeger?

'Mijn oma heeft die bewaard in een boek dat ergens bij mij in de garage ligt. Ik denk dat het inmiddels onder de schimmels zit.'

'Jouw ouders waren echte Arnhemmers, net als Theo Bos. Voel je je verwant met hem?

'Toen ik bij het eerste kwam, was hij een van de jongens die mij erbij pakte. Het is niet zoals met Nicky Hofs, die hem als een tweede vader zag.'

Ester: 'Hij had die basis thuis niet, jij wel.'

Theo: 'Na afloop van een wedstrijd bij NAC stond ik bij dat muurtje waar de bussen staan een sigaretje te roken, daar waren ook supporters. Wij hadden die wedstrijd gewonnen. Eentje gooide een bal tegen mij, dus ik deed een beetje stoer terug. Toen ik me later omdraaide zag ik hem tegen de vlakte gaan. Die had een tik van Theo Bos gehad.'

'Zijn vader was ook klusjesman.

Theo: 'Die van mij pakte alles aan. Hij deed echt alles om geld binnen te halen. Ik denk dat ik stiekem best wel veel op mijn vader lijk. Ik ben niet zo'n prater, hij ook niet. We hadden vaak aan één blik genoeg. Ik kan me niet zoveel activiteiten herinneren, we keken samen *Studio Sport*.'

'Keek je veel televisie?

'Af en toe keek ik met mijn moeder mee op de bank. Dat was altijd *The Bold & The Beautiful* en *As The World Turns*. *As The World Turns* vond ik stiekem wel leuk, dat was van vier tot vijf. We aten altijd precies om vijf uur. Nu nog steeds als ik bel, dan is het: ja, maar we eten wel om vijf uur, hè?'

Hoe ben je bij Vitesse gekomen?

'Eerst ben ik van MSAV naar Vitesse 1892 gegaan. Dat was mijn eigen beslissing, het voetbal was er gewoon beter. Bij Vitesse 1892 zat je ook dichter bij Vitesse. Ik kwam daar in een heel aardig team terecht. We wonnen alles. Andy van der Meijde zat ook in dat team. We weten allemaal wat daarvan terecht is gekomen, hahaha.'

Ester: 'Seksverslaafd.'

Theo: En voor de rest... Léon Hese, die heeft nog bij Vitesse, PSV en De Graafschap gezeten. Op een zeker moment stond Ajax bij me op de stoep. Ze wilden mij en Nicky Hofs hebben. Zat Ajax ineens bij mijn ouders op de bank. Ik was niet erg enthousiast en mijn vader was z'n hele leven al voor Feyenoord, dus die had ook zoiets van: wat komen die doen? Toen zijn we zelf maar naar Vitesse gegaan. Na een testwedstrijd mocht ik meteen blijven. Op mijn vijftiende kreeg ik een koelkastcontract, dat heette toen zo. Vanaf dat moment wist ik: ik ga betaald voetbal spelen, dus school heb ik toen meteen laten vallen. Ik heb er geen donder meer aan gedaan.

Ik zat op het IJsseloord in Presikhaaf, tegenover het winkelcentrum. Ik heb op mijn vijftiende diploma's gehaald voor lasser en metaalbewerker, ik zou echt niet meer weten hoe je zo'n apparaat moet vasthouden. Toen moest ik nog een jaartje, want leerplicht is tot zestien. Op die school zaten er een paar achter een computer, een paar waren er aan het koken en de rest stond te tafeltennissen. Daarna ging ik fulltime bij de club hangen. Mike Snoei was toen mijn trainer, daar heb ik best veel aan gehad. Dan hing hij bijvoorbeeld vuilniszakken in de goal en dan moest ik daar zo veel mogelijk ballen in schieten. Op een gegeven moment was ik zoveel aan het trainen dat ze vroegen of ik thuis kon blijven. Ik was echt overtraind, zeg maar. Nou, dan ging ik thuis voetballen. Op het pleintje. Uiteindelijk speelde ik dag en nacht voetbal. En voor de rest deed ik niks. Ik denk dat we mijn jeugd zo wel behandeld hebben. Op hoeveel hoofdstukken zitten we?'

Ester, gapend: 'Volgens mij hebben we het halve boek al wel vol.'

Ik vroeg naar Theo's debuut.

Theo: 'NAC-uit in 1998. Ik viel in voor Marián Zeman in de 92ste minuut, dus ik hoefde niet echt te douchen. Ik denk dat ik geen bal heb geraakt, de scheidsrechter floot meteen af: tijd. Ik vond er geen kloot aan. Dat zei ik toen ook. Vonden mensen raar. Dat was mijn debuut. Henk ten Cate was trainer.'

'Rookte je toen al?

Theo: 'Hebben we hem weer, hoor. Rookte jij toen ook al? Ten Cate rookte volgens mij zelf ook. Iedereen rookte toen. Ik was vijftien toen ik begon met roken, heel normaal. Drinken vond ik nog niet interessant. Dat heb ik geleerd op het eerste trainingskamp met het eerste. In Apeldoorn. Toen werd ik meegenomen door de oudere jongens. John van den Brom, Pierre van Hooijdonk, Marc van Hintum. Ik was nog een jong broekie en had me er speciaal voor aangekleed. En hup daar gingen we hoor, het centrum in.'

Ester: 'Dat trainingskamp was in Hoenderloo.'

Theo: 'Ja, maar we gingen naar het centrum van Apeldoorn. In Hoenderloo hebben ze geen centrum. Ik zeg er verder niets over, anders wordt het weer zo'n voetbalboek. Laten we het er maar op houden dat het heel speciaal was voor mij. Je voelt je geaccepteerd, je krijgt het gevoel dat je echt bij het team hoort.'

'Wat vond je van Henk Ten Cate?

'Hij was naar mij toe heel relaxed. We hebben veel getafeltennist. Ik heb alleen maar positieve dingen met hem meegemaakt eigenlijk. Na hem kwam Artur Jorge, die Portugees.'

Ester: 'Een bijzonder lieve man, maar natuurlijk een beetje van het padje.'

Theo: 'Hij kon geen Engels, hij kon geen Duits, hij brabbelde maar wat.'

Ester: 'Hij bleek een hersentumor te hebben.'

'Het verhaal was toch dat hij tijdens een wedstrijd vroeg: 'Which team is Vitesse?' Wel een goed verhaal.

Ester: 'Het was een bijzonder lieve man.'

Theo: 'Hij ging looplijnen tekenen. Na een tijdje begon hij te krassen, op het eind zaten we met z'n allen naar een grote zwarte vlek te kijken. Toen had ik wel zoiets van: wat bedoelt hij nou?'

Het gesprek werd onderbroken door een vrouw van middelbare leeftijd. Ze wilde op de foto met Theo.

Theo: 'Wat ga je daarmee doen?'

Zij: 'Naar mijn zoon sturen.'

'Normaal zeg ik altijd nee, maar nu niet. Ik weet niet waarom.'

'Herbert Neumann, hoe was die?, hervatte ik het gesprek

'Als je het over van het padje raken hebt... Die vonden we 's ochtends weleens op de parkeerplaats. Dan had hij in zijn auto geslapen.'

Ester: 'Het was een über-intelligente man. Ik vond Herbert fantastisch...'

Theo: 'Was je verliefd of zo?'

Ester: 'Ach, hou toch je bek.'

Theo: 'Ik heb hem twee keer als trainer gehad. De eerste periode was hij nog goed, de tweede keer was het wat korter. Toen had hij al slechte periodes volgens mij.'

Ester: 'Helemaal doorgedraaid. Te veel nagedacht. Hij was altijd al filosofisch ingesteld.'

Theo: 'Ik merk dat ik daar ook wel last van heb. Te veel nadenken over dingen.'

Ester: 'Dus als jij op een parkeerplaats ligt, moeten we je in de gaten gaan houden.'

Theo, lachend: 'Nou, dat ligt eraan.'

'Hoe zag jouw leven eruit toen je je debuut maakte?

'Weet ik veel, ik zal vast wel een vriendin hebben gehad, maar ik weet niet meer welke. Het enige wat ik me kan herinneren is voetbal. En dat ik de stad een beetje leerde kennen, de kroegen dan. Wij gingen altijd naar

Woody's op de Korenmarkt. Ik, Patrick Ax, Martijn Kuiper en Michael Dingsdag. We hebben Woody's wel gemaakt denk ik, die periode. Die eigenaar heeft echt geld verdiend. Wij woonden daar gewoon. Op woensdag organiseerden we een darttoernooi, terwijl niemand kon darten. We organiseerden gewoon wat om een feestje te hebben. Ik kreeg in die tijd heel veel aandacht. Ook van vrouwen. Daar profiteer je dan af en toe een keer van, laten we het zo samenvatten. Ik was altijd aan het ouwehoeren met iedereen, maar ik ging wel tot de grens. Soms misschien net eroverheen, maar...'

Ester: 'Ik weet nog dat ik jou moest begeleiden bij je eerste interview. Cees van Hoogdalem moest een foto maken. Dat ging niet. Je was helemaal hyper. Ik heb je tegen een muur in GelreDome gekwakt en gezegd: "En nou even normaal doen, mafkees."'

Theo: 'En wat zei ik toen?'

Ester: 'Weet ik veel, een grote bek. Ik zei nog: "Pas nou op, ze schrijven het allemaal op." Is gelukkig niet gebeurd.. Later zei je dat je het wel goed vond dat ik tegen je inging. Daarna werden we vrienden. Je had toen nog van dat geblondeerde haar, een coupe soleil.'

'Ik was zeventien of zo, ik zat vol met hormonen. Ik wist niet goed hoe ik daarmee om moest gaan, ik was erg opvliegend.'

Ester: 'Jij wilde iedereen uittesten, dat was wel een dingetje. Ik vond: daar zijn journalisten niet voor.'

'Ik vond de media echt geweldig. Ik wist al snel hoe ik ze moest bespelen. Ik zei bewust dingen om mijn zin te krijgen. Zei ik bijvoorbeeld dat ik liever op vakantie ging dan naar het WK voor onder de achttien. Zag je zo'n journalistje helemaal glunderen, was ook leuk voor hem natuurlijk. Ik hoopte dat die gek me dan niet zou selecteren.'

Ester: 'Ja, en toen moest je bij Van Gaal komen.'

'Die was toen bondscoach. Ik meende het ook echt: ik was liever met wat vrienden op vakantie gegaan dan naar dat kut-WK...'

Ester: 'In Argentinië, zestien graden hooguit. Dan kun je je zomer weggooien.'

'Maar hij wilde me toch, moesten we ons ook nog voorbereiden op hoogte. Die gek maakte mij aanvoerder, maar na dat interview was ik opeens nummer veertien. Ik dacht: nou, dit wordt leuk. Toen ik zag hoe hij met zijn staf omging, zo'n baas hoef ik niet te hebben op mijn werk. Zijn medewerkers moesten er altijd pico bello uitzien. Op een dag zat de stropdas van de materiaalman niet helemaal strak. Die kreeg een uitbrander waar iedereen bij was, werd helemaal verrot gescholden. 'Dat kan niet, je bent een voorbeeld.' Ik wist niet of ik dat wel wilde accepteren. Twee, drie dagen later zei ik dat het na een corner in mijn lies was geschoten. Eerst mocht ik nog niet weg. Jürgen Collin van PSV was ook geblesseerd, die zei: "We mogen niet naar huis." Ik heb toen bij Van Gaal aangeklopt en gezegd: "Luister, ik ga naar huis." "Nee," zei hij, "samen uit, samen thuis." "Prima," zei ik, "dan regel ik zelf wel een ticket." Ik ben gewoon gegaan. Ik denk dat hij dat stiekem wel mooi vond. Ik ben naar huis gegaan, heerlijk op vakantie geweest en daarna weer gaan trainen bij Vitesse.'

'Heb je Van Gaal in Zomergasten *gezien?*

Theo: 'Nee, natuurlijk niet. Dat duurt veel te lang. Ik hoorde dat hij aan het flirten was met die presentatrice, klopt dat? Dat hij had gezegd: "Ik val op vrouwen met donker haar, net als jij." Op zich wel een goeie zin. Deed hij het voor de rest goed?'

Ester: 'Hij heeft veel kritiek gekregen, omdat het met die presentatrice niet zo'n match was, maar ik vond dat er toch wel een paar aandoenlijke momenten waren. Alleen wel echt op z'n Van Gaals...'

Theo: 'Kijk, dat hij verstand van voetbal heeft, dat staat echt wel vast. En dat hij heel snel kan inschatten van...'

Ester: 'Maar hij wil zo graag bevestigd worden.'

'En hij wil ook graag gelijk hebben.'

Ester: 'Altijd het laatste woord.'

'Hij staat niet open, voor mijn gevoel. Het is zijn manier, daar moet je naar luisteren. Doe je dat, dan wordt het ook echt heel goed. Doe je wat anders, dan moet je wegwezen. Ik houd daar niet van. Ik denk dat zijn methode werkt, maar iedereen die langer dan twee jaar met hem te maken heeft, wordt er knettergek van.'

'Voor journalisten is het natuurlijk wel fantastisch.

'Ik zat bij *VI Oranje* aan tafel in 2014. Het Nederlands Elftal werd toen derde, maar toch werd Van Gaal daar door iedereen afgemaakt.'

Ester: 'Maar dat soort figuren wil je er toch bij hebben?'

'Hoe vond jij het eigenlijk om bij VI Oranje *te zitten?*

'Sommige dagen vond ik het fantastisch, maar ik dacht ook weleens: wat ben ik hier aan het doen? Over voetbal kon ik leuk meekletsen, maar negen van de tien keer ging het over onzin. Dan waren ze elkaar alleen maar aan het overtreffen. Ik had echt nul zin om me daarin te mengen.'

'Ze dachten waarschijnlijk: Theo dat wordt lachen.

'Ja, is niet zo. Achter de schermen was het ook niet echt gezellig. Die Genee, hoe die daar rondloopt. Dat is iemand die wel van aandacht houdt, dus die wil graag een beetje in de spotlights. Dan heb je Gijp, die interesseert het allemaal geen kloot en ligt ergens in een hoek aan zichzelf te denken. Johan Derksen wil nog wel zijn best doen om mee te komen, maar die lult ook maar wat. Hij was trouwens wel de aardigste, dat had ik dan weer niet verwacht. Ik rookte een sigaretje, hij een sigaartje, dus dan stonden we even buiten en kwamen we toch tot een gesprek. Ze kunnen er na dit seizoen beter mee stoppen. Vanavond begint het weer, trouwens. Ze zullen het wel over Feyenoord hebben. Misschien Vitesse nog even, nu met Slutsky.'

'Hoe doet hij het?

'Hij zit de hele wedstrijd aan z'n haartjes op z'n hoofd,

moet je maar eens opletten. Voor de rest: hij geeft iedereen keurig een handje. Hij is wel een leuke toevoeging. Zijn assistent is ook heel relaxed. Hopen dat ze een beetje gaan scoren dit jaar.'

Ester: 'Ik vind het een leuke vent, kan wel een cultheld worden.'

Theo: 'Ik ben bij Vitesse nooit de publiekslieveling geweest. Je had "Theo, pak 'm terug" van Theo Bos en dat werd op een gegeven moment ook voor mij gebruikt.'

Ester: 'Ik denk dat het verwachtingspatroon bij jou gewoon extreem hoog was.'

'Ze klappen hier niet voor een soortgenoot.

Theo: 'Ik kon heel weinig goed doen. Ik was een supergroot talent natuurlijk, ze hadden hele hoge verwachtingen van me. Ik heb mijn beste voetbal ook niet bij Vitesse gespeeld.'

'Dat bewaarde je voor FC Twente.

'Dus iedereen vindt dat ik wel aardig kan voetballen, maar dat ik bij Vitesse maar een beetje aan heb lopen kutten, alleen maar lopen stappen, zuipen en roken... Dat hoor ik altijd. Wat ze ook altijd zeiden: "Hij speelde bij ons maar op veertig procent." Logisch toch? Als ik op honderd procent speelde, snapte niemand mij. Niet lullig bedoeld, maar het is echt zo.'

'Je had hier op een zeker moment ook te veel macht. Jij bepaalde je eigen regels.

'Onder Ronald Koeman had ik een van mijn betere periodes, maar toen brak ik mijn been en daarna is alles misgegaan.'

In welke wedstrijd was dat?

'Bij het tweede elftal. Ik was teruggezet omdat ik mijn toenmalige vriendin op ging halen in de stad, dat mocht schijnbaar niet.'

Ester: 'Om vier uur 's nachts.'

Theo: 'Nee joh, het was één uur of zo.'

Ester: 'Iemand heeft je toen wel verraden.'

Theo: 'Ja, iemand heeft gezegd dat ik om vier uur 's nachts dronken door de stad liep. Ik moest de volgende dag op kantoor komen en toen zei Koeman dat ik voor straf met de beloften moest meedoen. Lekkere straf.'

'Bemoeide de club zich ook met je privéleven?

'Ze hebben geprobeerd om me intern te doen, nadat ik op mijn zeventiende in het appartementje van mijn broer was gaan wonen. Ik heb een maand op Papendal gezeten. Hele nachten tafeltennissen, gamen en ouwehoeren. We deden alles behalve op tijd naar bed gaan.'

'Wie was je zaakwaarnemer?

'Bassie. Bas van Noortwijk, die is nu elftalleider bij Feyenoord. Daarna had ik Tom Sanders, ik weet niet eens of die nog in de voetballerij zit.'

Ester: 'Volgens mij niet.'

Theo: 'Echt een mannetje was dat. Er kwamen zoveel zaakwaarnemers op me af. "Kom mee," zeiden ze, "gaan we naar Schaap en Citroen, mag je daar een horloge uitzoeken. Kies maar, Theo, maakt niet uit hoe duur. Als je maar bij mij tekent." Ik ben uiteindelijk zelf naar Rob Janssen gelopen. Die kende Phillip Cocu. En toen is Rob mijn zaakwaarnemer geworden. Ik heb nooit een contract hoeven tekenen bij Rob. Als ik er geen zin meer in had kon ik stoppen en andersom ook. Zeker in die periode wilden zaakwaarnemers alleen maar met je gezien worden. Rob Jansen en ik spraken elkaar één keer in de maand.'

Ester: 'Ik ben er nu wel klaar mee, merk ik.'

Theo: 'Ik ook, ik ben kapot. Hoeveel hoofdstukken nog?'

Ester: 'Volgende week Enschede. Kunnen we Jorgos ook meenemen?'

Ik zei dat ik Jorgos de avond ervoor had gezien. Hij stond een halfuur voor Vitesse-FC Basel bij de hoofdingang van Gelredome te roken. 'Om hem heen stonden journalisten. Hij vergeleek Vitesse met een geslachtsdeel. "Vitesse moet niet denken dat ze een grote lul hebben in Europa, we zijn gewoon echt een klein piemeltje, echt waar. Daar kun je er wel aan gaan likken, maar dat wil nog niet zeggen dat er iets uitkomt."'

Ester: 'Hahaha, toen ik met hem ging lunchen werd hij gebeld door een of andere Henk. "Henk, Henk, welke Henk?" schreeuwde hij.'

Theo: 'Ik vind het lastig dat Jorgos niet meer zijn plekkie heeft. Dat zorgt er wel voor dat ik hem nu minder zie. Dat heb ik hem ook proberen uit te leggen. Eerst ging je gewoon in Delphi zitten, dan was het vrijblijvend. Nu moet ik 'm gaan bellen. Ik ging er altijd naartoe als ik er zin in had en als ik geen zin had, ging ik niet. Nu moet ik ineens een afspraak maken. Dat is lastig, want ik ben geen persoon die afspraken maakt.'

Ester: 'Nu moet je moeite doen.'

Theo: 'Eerst hoefde dat niet. Vroeger kon je de stad niet in lopen zonder Jorgos te zien.'

'Ik dacht ook weleens: ik loop een blokje om.

Theo: 'Ja, dat ook. Dat je dacht: kut, zo meteen sta ik sowieso een kwartier stil. Dan liep ik helemaal naar de andere kant van de straat en stak ik daar over. Had je soms de pech dat hij net sigaretten aan het kopen was. Hoe is mogelijk, dacht ik dan.'

'Twee weken geleden zat hij ineens aan de overkant op het terras, toen had ik een afspraak, maar kwam ik niet meer weg.

Theo: 'Maar weet je, ik moet eerlijk zeggen: ik mis hem wel nu. Ik mis gewoon het feit dat ik even naar hem toe kan, gewoon lekker vrijblijvend slap ouwehoeren over van alles en nog wat en soms gewoon niks zeggen. Gewoon lekker zitten, beetje om je heen kijken, drankje doen, samen ontbijten en weer weg.'

Ester: 'Hij wil misschien toch weer iets beginnen, een klein huiskamerrestaurant waar hij alles zelf doet.'

'Ja, hij heeft veel ideeën. Maar laat hem maar eerst even...'

Ester: 'Ja, eerst even lekker naar Griekenland voor een paar maanden.'

'Misschien ontmoet hij daar wel een vrouw. Zou ook wel goed voor hem zijn. Kan hij niet het voorwoordje doen?'

'Allemaal scheldwoorden, dat snappen de lezers niet.

Theo: 'Nou en? Het is toch mijn boek?'

Ester: 'Ik vind het een heel goed idee.'

Theo: 'Ja, laten we een boek over Jorgos maken!'

Zelf schreef Theo ook ooit een voorwoord, in mijn boek over die andere Theo, de veel te vroeg gestorven Vitesse-legende Theo Bos. Daar had Theo Bos specifiek om gevraagd toen we een paar weken voor zijn dood samen naar een training van Vitesse keken. Theo had vooral commentaar op Theo Janssen.

'Die heeft nu al kerstvakantie.'

'Janssen loopt geen meter te veel, die had ik vandaag allang weggestuurd. Ga dan maar douchen.'

'Slechte bal van Theo.'

'Nou, Theo heeft er geen zin meer in zo te zien.'

Na een korte stilte: 'Ik kwam Theo tegen bij een concert van Ali B. in de schouwburg.'

Ik: 'Ali B.?'

Theo: 'Ja, Ali B. Daar moet ik om lachen, en Theo dus ook. Hij komt binnenkort een keertje koffiedrinken, zei hij.'

Ik: 'Ali B.?'

Theo: 'Nee, Theo. Hij weet niet hoe hij ermee om moet gaan, met de ziekte, dat zie je gewoon.'

'Jij wel dan?'

'Eigenlijk ook niet,' zei Theo. 'Iedereen zegt dat ik het goed doe, dat ik dapper ben, dat ze respect voor me hebben en dat ik moet blijven knokken. Ik blijf ook knokken, tot er nul procent meer is om voor te knokken, maar ik word er weleens moe van. Kanker wordt benaderd als topsport, als een wedstrijd die je moet zien te winnen. Terwijl wie topsport beoefent, juist een goede verliezer moet kunnen zijn. Wie verliest van kanker gaat dood. Je moet het gewoon accepteren. Er zit een fout in mijn DNA, ik kan er niets aan doen. Mijn vrouw zegt dat ze het niet kan accepteren dat ik doodga, dat vind ik dan ook wel weer mooi. Beter dan dat ze meteen zegt: het is geaccepteerd. En jij? Moet jij huilen bij mijn crematie?'

'Dat denk ik wel.'

Tien minuten later vroeg hij: 'Doe je ook een voorwoord in het boek?'

'Wil je dat?'

'Zie maar, maar anders is Theo misschien wel een goeie optie. Dat voelt wel goed, "Theo over Theo". Ben ook wel benieuwd wat hij zegt.'

'Wat denk je dat hij zegt?'

'Dat hij spijt heeft dat hij niet eerder op bezoek is gekomen.'

'Ben je daar boos over?'

'Nee, niet meer. Ik las laatst in het ziekenhuis in *Nu-Sport* dat hij ermee worstelt. Dat begrijp ik wel, maar ik vind het fijner als ze dat tegen mij zeggen.'

Voorwoord Theo Janssen

Toen ik als jochie bij de selectie van Vitesse kwam, draaide alles om de grote jongens: John van den Brom, Edward Sturing en Theo Bos. Vooral om Theo eigenlijk. Theo had geen grote mond, maar was in de kleedkamer toch heel aanwezig. Hij was de baas, je had respect voor hem.
Er was meteen een 'klik' tussen ons. Een gevoel van herkenning, we waren alle twee een kind van de club. Tijdens mijn eerste training speelde ik iemand door de benen.
Ik blij. Terwijl ik nog liep na te genieten werd ik tegen de grond geschopt.
Dat was ook Theo.
Ik moest natuurlijk wel effe normaal blijven doen.

Buiten het veld nam hij me onder zijn hoede. Hij gaf tips en zei wat ik wel en wat ik vooral niet meer moest doen. Het voelde veilig en vertrouwd met Theo om me heen. Ik wist: hij let op me.
Na een wedstrijd bij nac stond ik na afloop onder een afdakje te wachten tot we met de bus zouden vertrekken. Opeens stond er een jongen voor me die me op mijn bek

wilde slaan. Ik wilde reageren, maar Theo was me voor. Hij sprintte ernaartoe, sprong ertussen en gooide die jongen een paar meter de lucht in.

Na een blessure was ik veel te dik. Theo, die zelf ook altijd worstelde met zijn gewicht, kwam naar me toe en vroeg: 'Wat ga jij doen in de zomervakantie?'
Hij ging zelf iedere dag trainen op Papendal. Het leek hem wel verstandig als ik meedeed. Die zomer hebben we iedere dag samen gesport. Dan zaten we naast elkaar op de hometrainer in dat fitnesscentrum. Op de vloer lagen onze plassen zweet, het ging er dan om wie de grootste plas had. We zeiden dan niet zoveel. Dat hoefde ook niet. Ik had met Theo hetzelfde als met mijn vader: we hoeven elkaar niets te zeggen, we begrijpen elkaar toch wel.
Het was niet zo dat we de deur bij elkaar platliepen, maar het zat goed, dat wisten we. Als er wat speelde sms'ten we. Toen hij trainer van Vitesse werd wilde hij me er graag bij hebben. Dat ging toen niet, ik speelde bij FC Twente. Ik heb toen wel gezegd: 'Vitesse heeft een Theo nodig.' Dat vond hij wel grappig.
Theo had wat ik 'een ziek gevoel voor humor' noem.
Hij maakte harde grappen over anderen, maar ook over zichzelf. Mensen die hem niet kenden schrokken daar weleens van of snapten dat niet. Misschien is dat wel wat ze bedoelen met 'Ernems'. Mensen buiten Arnhem weten niet hoe groot Theo Bos hier was.

Toen ik het hoorde van zijn ziekte was ik er kapot van. Ik wilde hem graag nog een keer zien, maar heb dat te lang uitgesteld. Ik wilde het beeld van Theo Bos dat ik in mijn hoofd had – die stoere, brede man – niet verstoren. Als we elkaar in het GelreDome ontmoetten groetten we wel, maar ik liet hem verder met rust. Af en toe zag ik aan zijn gezicht dat hij niet op aandacht en medeleven van al die mensen zat te wachten. Dat hij liever zelf bepaalde met wie hij sprak, maar hij was te fatsoenlijk om ze allemaal weg te sturen.
Gelukkig kwamen we elkaar tegen bij een concert van Ali B. in de schouwburg. Toen hebben we gepraat en kreeg ik het gevoel dat het goed zat. Daarna heb ik een afspraak gemaakt om langs te komen. Helaas overleed hij een dag te vroeg.

Ik ben blij dat er een boek over Theo is. Ik ben er trots op dat hij wilde dat ik het voorwoord schreef. Theo verdient het dat we aandacht aan hem blijven besteden. Hij bleef onder alle omstandigheden zichzelf, dat zouden meer mensen moeten doen.

De dag voordat mijn boek *Het is zoals het is* over Theo Bos zou worden gepresenteerd in De Vereniging in Elst, werd ik gevolgd door een cameraploeg van het televisieprogramma *Voetbal International*. Op het fonkelnieuwe, goudkleurige trainingscomplex van Vitesse op Papendal kreeg ik de opdracht om zo naturel mogelijk langs het trainingsveld te lopen, wat met een cameraploeg achter je aan best moeilijk is. Ik keek zo geïnteresseerd mogelijk naar trainer Peter Bosz, die zijn spelers steeds weer dezelfde aanvalsoefening liet doen.

Als ik al gedacht zou hebben dat ik het er redelijk vanaf had gebracht, werd dat gevoel direct na afloop de grond in geboord door persvoorlichter Ester Bal en middenvelder Theo Janssen.

'Wat liep jij de gebraden haan uit te hangen,' zei Ester.

'Zo liep-ie,' zei Theo, die me nadeed.

Daarna: 'Heb je meegekregen dat ik allemaal positieve dingen heb gezegd over dat boek? Ik had eigenlijk moeten zeggen: "Eindelijk heeft hij een keer geen kutboek geschreven."'

Ester: 'Je hebt het keurig verwoord, Theo.'

Theo: 'Ik heb het zelfs al uit. Een groter compliment kun je volgens mij niet krijgen. Heb ik ook tegen ze gezegd.'

Over het voorwoord in *Het is zoals het is*, dat hij een aantal weken eerder aan me had gedicteerd op het terras van Grieks restaurant Delphi, was hij ook tevreden. Hij was toen gestopt met roken – daar had hij helemaal geen last van en hij kon het iedereen aanraden. Ik weet nog dat ik door die vastberadenheid aan mezelf was gaan twijfelen, want terwijl hij sprak rookte ik de ene na de andere sigaret.

Inmiddels waren de rollen omgedraaid. Ik was weer eens gestopt met roken en hij was weer begonnen.

'We deden het samen, de vrouw en ik. Zij wilde op een zeker moment weer beginnen, dan is het wel zo gezellig als ik ook weer meedoe.'

Hij rookte alleen niet meer in de buurt van camera's. 'Omdat ze zeggen dat ik een boegbeeld ben.'

Ik moest lachen.

'Wat zit je nou te lachen? Weet je wel hoe zwaar of dat is? Als er hier een schoolklas komt, moeten ze altijd mij hebben. Echt, ik zweer het. Al die schijtkinderen rennen gewoon naar me toe...'

'Kinderen,' verbeterde Ester. 'Boegbeelden zeggen geen "schijt".'

'Dat bedoel ik dus,' zei Theo.

'Kom je naar de boekpresentatie?' vroeg ik.

'Theo mag niet van de trainer,' zei Ester. 'De dag erna moeten we tegen Feyenoord.'

'Ik zit thuis op de bank,' zei Theo lachend. 'Vol in de focus.'

'Ik kom natuurlijk wel,' zei Ester. 'Ik denk dat ik me helemaal klem zuip.'

'Wel winnen dan,' zei ik tegen Theo. 'Ik wil ook wel een keer kampioen worden.'

'Gebeurt toch niet,' zei Ester.

Ik sprak Theo kort over het naderende einde van zijn carrière. Het leek hem wel mooi om er met 'een knal' uit te gaan. Dat Vitesse ondanks Peter Bosz landskampioen werd en dat hij er dan in de laatste wedstrijd uit werd gestuurd omdat hij de scheidsrechter onderuit schopte, iets in die orde.

'En daarna laat ik niets meer van me horen.'

'Misschien een boek, toch?' zei Ester.

'Dikke lul, echt niet,' zei Theo.

Johan Derksen klootviool

Het contact met Theo ging steeds via WhatsApp, het kon soms dagen duren voordat ik antwoord kreeg. Ester zei dat het altijd zo ging met Theo en dat het geen zin had om je daaraan te ergeren. Waarom Theo eigenlijk een boek wilde en wat voor boek het dan moest worden, wist ik nog altijd niet. Het was al wel duidelijk dat hij er niet al te veel moeite in wilde stoppen.

We hadden afgesproken dat we samen naar Enschede zouden gaan, voor de eerste wedstrijd van FC Twente in de Keuken Kampioen Divisie. Hij had kaarten geregeld. Ester was op die dag nadrukkelijk aanwezig. Regelmatig boog ze zich naar het opnameapparaat. Bij het terugluisteren hoorde ik haar de hele tijd 'Ik ben er niet' en 'Dit boek gaat niet over mij' zeggen. Ze verheugde zich vooral op het etentje dat Theo ons had beloofd.

'O, ik rammel helemaal,' zei ze vier uur voor de aftrap, 'ik ben zo benieuwd wat ik in de pens krijg.'

'Eerst nog een interviewtje, toch?' zei Theo terwijl hij zich uitstrekte op een terrasstoel. 'Waar wil je het nu weer over hebben?'

Ik zei dat we een titel moesten verzinnen en dat ik dacht aan *De Dikke Prins*.

Theo: 'Ja, dat wisten we al. Waar slaat dat eigenlijk op?'

Ester spuugde haar koffie verkeerd met opgeklopte hazelnootmelk uit van het lachen.

'Hahaha, echt een goeie, dat dekt de lading.'

Tegen Theo: 'Omdat jij je altijd als een prins gedraagt. En je weet zelf ook wel dat je niet de magerste bent. Het spek lelt eroverheen.'

Theo: 'Nee, en bij jou dan?'

Ester: 'Nou, ik ben nog niet zo'n Boeddha als jij. Ik ga trouwens diëten, vanaf één december komen er echt nul koolhydraten binnen. Bovendien heb ik een excuus, stress slaat bij mij naar binnen.'

Ik zei dat ik ook dikker was geworden en dat het kwam door het stoppen met roken.

Theo zei dat hij gewoon alles opvrat: 'Ik ken geen maat, echt niet. Toen ik nog voetbalde kon ik in een week twintig kilo afvallen. Dan at ik gewoon alleen maar water en dan deed ik allemaal kleren over elkaar heen, maar dat hoeft nu niet meer. Ik heb wat eten betreft echt nul discipline. Als er een schaal met veertig bitterballen op tafel staat en niemand wil, dan graas ik hem helemaal leeg.'

Ester: 'Een soort stofzuiger, net als Jan Boskamp.'

Theo: 'Dat vind ik trouwens wel een aardige man. Maar die titel vind ik ruk. De vorige keer zei je ook al zoiets.

Nou, ik heb het even nagevraagd in mijn omgeving, maar daar snapte ook helemaal niemand waarom ik voor lul moet staan in een boek over mezelf.'

Ik zei dat ik het wel sterk vond als er wat zelfspot in zou staan.

Theo: 'Nou lachen, zeg, wat zet je d'r onder? Geschreven door de randdebiel? Dat is dan toch ook zelfspot?'

Hij liep van tafel.

'Even zeiken, schrijf je dat ook op?'

Toen hij terugkwam van de wc zei hij dat hij tijdens het pissen een nieuwe titel had verzonnen die het moest worden: *Johan Derksen: klootviool.* 'Door de randdebiel. En dan een foto van mij en jou in een Amerikaanse auto. Ik achter het stuur en jij ernaast met die nieuwe bril van je op je debiele hoofd.'

Ik zei dat ik *Johan Derksen: klootviool* op zich wel een leuke titel vond en vroeg of hij dan ook nog wat over Johan Derksen ging zeggen.

'Bel d'r nu dan maar op.'

'Wie?'

'Nou, dat vrouwtje van de uitgeverij. Zijn dochter, toch? Marieke. Als zij het leuk vindt, doen we het. En als ze het niet leuk vindt, leg jij haar even uit dat het zelfspot is.'

Daarna legde hij mij uit dat het omslag en de titel het belangrijkst waren van een boek.

'Als ik een boek zie liggen denk ik vaak: wat een rotzooi! Die boeken van Gijp, ik snap echt wel dat hij ze niet gelezen heeft, maar ik hoef er niet per se net als hem als een malle Eppie op te staan.'

Hij vond foto's waarop je 'alles ziet' mooi.

'Wallen en rimpels, ik heb niet voor niets zoveel gerookt. Jij hebt ook een verlopen hoofd.'

'Nou, ik ben een jaar gestopt.'

Ester: 'Is niet meer terug te draaien, Mars. Je moet maar zo denken: als je niet was gestopt met roken had je nu misschien al wel in een karretje gezeten.'

Tegen Theo: 'Ik denk dat jij over vijftien jaar al niet meer kunt lopen.'

Theo: 'Nou en? Zien we dan wel, toch?'

We kwamen te praten over een precaire kwestie, die Theo liever niet in het boek had. Het auto-ongeluk dat hij veroorzaakte na een thuiswedstrijd van FC Twente tegen Vitesse, waardoor Kevin Moeliker – toen keeper bij FC Lienden, nu ook jeugdtrainer bij Vitesse – twee weken in coma lag en daarna twee jaar moest revalideren. Theo zou te veel gedronken hebben.

'Van mij hoeft het er niet in,' zei Theo. 'Ik heb geen zin dat dit straks weer een dingetje wordt.'

Ik zei dat het een beetje raar was om er niets over te zeggen. 'Dan wordt het zo'n Patrick Kluivert-verhaal...'

Theo: 'Oké, er moet iets over in. Alleen dan heel kort,

en zijn naam hoeft er niet bij te staan.'

'Die weet iedereen.'

Theo: 'Nou en? Hoef jij hem toch niet ook nog eens te gaan noemen? Het is toch ons boek?'

Ik zei dat ik het wel een beetje lastig begon te vinden om allerlei namen die iedereen kent niet op te voeren.

Theo: 'Ik ga volgende week wel even met hem zitten. Kijken hoe hij erover denkt. Ik denk dat hij er hetzelfde in zit als ik. Niet te veel aandacht aan besteden.'

Theo vertelde dat hij er destijds onder had geleden. Niet onder de straf die hij kreeg van de club, maar dat hij zich lamgeslagen voelde. Hij had zich teruggetrokken in zijn woning, met de gordijnen dicht.

'Ik wilde met niemand iets te maken hebben. De mensen hadden hun oordeel al klaar. Ik werd tot op televisie uitgescholden voor dronkenlap en alcoholist. Ik praat niets goed. Tussen wat ik toen gedronken heb en wat een alcoholist drinkt, zit toch wel een verschil hoor. Het was niet zo dat ik dronken achter het stuur ben gaan zitten, maar daar gaat het niet om. Ik kon me gewoon niet meer verweren. Ik had echt het gevoel dat ik er helemaal alleen voor stond. Ik heb dat toen afgerond en achter me gelaten.'

'Wat niet hielp in de beeldvorming was dat je bij het kampioenschap van FC Twente vanuit de feestbus op de A1 probeerde te springen, op je kont viel, om even later terug te rennen met een traytje bier.'

Ester: 'Classic.'

Theo: 'Ja, dat was ook niet zo handig. Hebben ze allemaal nog maandenlang lekker over kunnen lullen.'

We hadden het over zijn overgang van Vitesse naar FC Twente in 2009. Hij was toen helemaal klaar met Vitesse, oorzaak: Aad de Mos.

Theo: 'Dat was gewoon een hele aparte man. Volgens mij had hij maar twee broeken en twee shirts, want hij had iedere dag hetzelfde aan. Na drie weken dezelfde broek moest ik gewoon lachen. Hoe hij er ook altijd bij zat... Met zijn hand altijd in de blouse, net als die dictator.'

Ester: 'De Aad-positie.'

Theo: 'Ja, die dictator, help me effe.'

Ester: 'Napoleon, slome.'

Theo: 'Normaal kan ik wel met aparte mensen omgaan, maar met deze... De dag voor een wedstrijd tegen Excelsior moest ik bij Aad op kantoor komen, want hij had het zoveelste briljante idee. Hij wilde mij linksback zetten, want hij dacht dat ik het Nederlands Elftal ging halen als linksback. Ik had hem al eerder verteld dat dat echt niet ging gebeuren, dat het al eens eerder was geprobeerd en dat dat toen geen succes was. Nou ja, de hele tactiek met hem besproken. Ik was "de man", ik zou het gaan doen.

De volgende dag verzamelden we in het Bilderberg Hotel in Wolfheze. Na het eten hield hij een wedstrijdbespreking. Hij zette de opstelling neer en begon te lullen over hoe we het moesten doen. Ik lette eerst helemaal niet op, maar ze zaten allemaal naar me te kijken. Toen zag ik het: ik stond niet eens op het bord. Dus ik roep naar hem van "Trainer, volgens mij hebben we gisteren een gesprek gehad over hoe belangrijk ik ben en nu sta ik niet in de basis..." Weet je wat hij zegt: "Ik heb vannacht gedroomd dat ik het helemaal anders moet gaan doen. Dus je speelt niet." Toen ik zei dat ik naar huis ging, begon hij tegen me te schreeuwen. Hij ging los en ik ook. Op een gegeven moment liepen we naar elkaar toe, toen wilde ik hem een tik verkopen. Hij werd helemaal rood en brulde dat ik de bus in moest. Nou, echt niet. Zij liepen allemaal naar de bus, maar ik liep zo naar mijn auto. Wim Jansen, de elftalleider, riep nog: "Theet, waar ga jij heen?" "Naar huis, Wim!" riep ik. Nou dat begreep hij wel. Wat ik allemaal geroepen heb? Alle scheldwoorden die ik kende en iets over die grote knobbelneus van hem.'

Ester: 'Daar heeft hij kanker op gehad, op die neus.'

Theo: 'Toen toch niet?'

Ester: 'Nee joh, daar is gewoon een hapje uit gehaald. Die was groot genoeg.'

Theo: 'Ik heb meteen Paul van der Kraan gebeld, die was toen de grote baas, om te melden dat ik niet bij de wedstrijd zou zijn. Nou, die begreep het ook wel.'

Ester: 'Die had de buik ook al wel vol van Aadje. We

verloren die wedstrijd met 2-1 op Woudestein. Toen was Aad zo gefrustreerd dat hij zelfs naar de journalisten zijn middelvinger opstak.'

Theo: 'Twee dagen later had ik een soort verzoeningsgesprek met Marc van Hintum en Aad. Aad zei dat ik eruit moest. Ik was een rotte appel of zoiets, volgens mij heeft het toen niet zo lang meer geduurd of hij kon zelf vertrekken. Ik was dat gelul over KV Mechelen ook helemaal zat. Na dat incident ging ik toch eens om me heen kijken. Toen is het zaadje geplant. Later, Aad de Mos was al weg, kwam FC Twente, via Fred Rutten. Ik ging een keer praten met voorzitter Joop Munsterman en die vent die over de financiën ging, dat was op zich wel oké. Maar de doorslag gaf het gesprek met Fred Rutten. Ze speelden toen met El Ahmadi, Engelaar en nog iemand op het middenveld. Fred zei: "We spelen alleen maar kort, we missen in het elftal iemand met een opener, iemand die de diepte zoekt. Dat ben jij." Ik zeg het er maar even bij: het jaar ervoor waren ze tweede geworden.'

Ester: 'En toen dacht jij: het is in ieder geval te rijden?'

Theo: 'Is gelul, hoor, dat ik niet zonder Arnhem kan.'

We hadden het over zijn Belgische tijd, het halve seizoen in 2003 dat hij bij Racing Genk speelde en dat de tijden zo veranderd zijn.

Theo: 'Voor mij zou het vandaag de dag veel lastiger zijn om het betaalde voetbal te halen dan vroeger. Niks mag meer. Als je nu met een sigaretje wordt betrapt, heb je echt wel een probleem.'

Ester: 'En met je gewicht, ze zijn nu allemaal afgetraind.'

Theo: 'Ik ben wel iemand die houdt van lekker eten en drinken. Ik vind alles lekker. Ik hou ook van groente, serieus. Maar als ik 's avonds bij iemand ben en die gooit driehonderd bitterballen op tafel, dan blijf ik net zo lang eten tot die dingen weg zijn.'

Ik zei dat ik meer was gaan eten sinds ik was gestopt met roken.

Theo: 'Nou, het maakt voor mij echt geen drol uit dat ze zeggen dat ik te dik ben. Ik hoor het iedere dag. En dan zeg ik: "Ja, en?" Of ze waarschuwen me: "Uitkijken, hè?" Hoezo uitkijken? Kijk lekker zelf uit. Wat zou het jou boeien dat ik wat dikker ben? Met iedereen is wel wat. Met de mensen die dat tegen me zeggen is zelf vaak ook wel wat mis. Dat ga ik dan toch ook niet tegen ze zeggen? Zo van: uitkijken, straks word je nog kaler?'

Ester wreef over haar buik.

'Zullen we gaan? Ik heb honger, Theet. Is het een leuk restaurantje dat je geregeld hebt?'

Theo: 'Het is een heel leuk restaurantje.'

Even later vertrokken we dan met de auto van Theo.

Ester achter het stuur, ik ernaast, Theo liggend op de achterbank.

Ester: 'Jezus, wie heeft er hier een ruft gelaten? Gadverdamme!'

Ze deed een van de raampjes open.

'Doe ik normaal nooit voor het eten,' zei Theo.

Ester: 'Wat een ruft, wat ben je toch een stinkdier.'

Theo: 'Wacht effe, komt er zo weer een, ik voel 'm.'

Theo voelde een zeker sentiment opkomen nu hij weer door het Twentse landschap reed. Hij probeerde uit te rekenen hoe vaak hij deze route had gereden. Dat was vaak.

'Het restaurant?' vroeg Ester. 'Zijn we daar zo?'

'Bij Hengelo linksaf,' zei Theo.

'Nee, hè? Flikker op zeg,' zei ze toen het nog onbekende restaurant uiteindelijk een McDonald's langs de snelweg bij Hengelo bleek te zijn.

Theo: 'Ik heb gereserveerd. Kijk maar, er is nog plek bij het raampje.'

Ik weet niet meer wat Theo en ik daar allemaal besteld hebben, maar in ieder geval ook kipnuggets, want Ester bleef maar doorgaan over wat je allemaal van 'vieze geperste ongezonde zielige plofkip' kon krijgen. Wij lachen en aan elkaar vragen of de ander al ergens last van had.

'Echt serieus,' zei Theo, 'als ze honderdtwintig van die dingen op een bord gooien eet ik ze ook allemaal op.'

Ester at principieel alleen friet.

'Wat een gore troep, zeg. Bah, bah. Ik snap niet dat ik hier zit, echt niet. Ik vind dit zo'n afknapper.'

Theo zei dat McDonalds niet zijn lievelingseten was.

'Ik schijt er wel goed op, maar ik eet het liefst boerenkool met worst. Ik vind Unox-worsten het lekkerst, daarna komt Hema-worst. Bij Ajax hadden ze een heel lekker broodje rookworst. Beetje mosterd erbij, dan ben ik al snel tevreden.'

Er waren ook al FC Twente-supporters, ze aten net als Theo veel.

'Ik vind FC Twente ook echt een vleesclub,' zei Ester. 'Nul vegetariërs daar op de tribune, weet ik nu al. Allemaal vleeskoeien.'

Theo vond het uniek dat een club als FC Twente in de Keuken Kampioen Divisie meer dan 20.000 toeschouwers trekt.

'Als Vitesse zou degraderen komen de supporters pas weer als de club bovenaan staat. Niet lullig bedoeld, maar het is wel zo.'

Ik zei dat ik die houding een stuk beter begreep dan de trouw van de FC Twente-supporters en vroeg Theo naar zijn mening.

Theo: 'Ik ben er nu toch ook?'

Ik vroeg wat hij vond van Joop Munsterman, de inmiddels ex-voorzitter van FC Twente.

'Ik en mijn zaakwaarnemer hadden meteen zoiets van: straks wel even alle kleine lettertjes in het contract lezen. Munsterman zei altijd: "Ik heb alles voor je over." Als hij je belde was het "vriend dit" en "vriend dat". Hij kwam vaak op het trainingscomplex, dan ging hij aan tafel zitten. Krantje lezen, beetje babbelen met de spelers. Vond hij leuk. Tegen mij deed hij altijd slijmerig, dat hij me goed vond en zo. Prima. Mensen zijn sowieso aardig tegen mij. De mensen van buiten Arnhem dan. Het is altijd meteen van "Hé, Theet".'

Toen Ester en ik daarna wat grapjes maakten over trainers en spelers en het voetbalpubliek in het algemeen, vond Theo dat te ver gaan.

'We zijn nu voor dat kutboek bezig, toch? Ik wil niet iedereen afkraken.'

Ester: 'Ach, schijt.'

Theo: 'Nee, niet schijt. Ik wil straks ook nog trainer worden. Ik heb wel ambities, hè?'

Over die ambities zei hij: 'Ik denk dat ik mensen beter kan laten voetballen, en dat ik een duidelijke visie heb. Uiteindelijk wil ik hoofdtrainer worden. Vorig jaar trainde ik Vitesse onder zestien, nu ben ik assistent bij onder negentien. In de toekomst zie ik mezelf niet als assistent, ik ben geen jongen die ondergeschikt moet zijn. Ik heb een heel duidelijke mening en visie en die moet ik kwijt kunnen.'

Ik vroeg hem hoe hij omging met moeilijke spelers. Wat zou hij doen als hij zichzelf tegenkwam in een elftal?

Theo: 'Als er een eikel tussen zit vind ik dat prima. Als we met een eikel meer kans hebben om te winnen, gaat die eikel gewoon spelen.'

'Hoezo maak jij je trouwens ineens druk om je imago? Dat verandert toch niet meer,' zei ik.

Ester: 'Je kunt ook autonoom denken.'

Theo: 'Er worden heel veel dingen uitvergroot, dat het me allemaal geen kloot interesseert, dat ik een bijdehandje ben, dat ik een grote bek heb...'

Ester: 'Dat voetbal je niet zou interesseren...'

Theo: 'Is allemaal geen reet van waar. Je merkt toch dat er van mij een bepaald beeld is. Het gaat ook altijd over dat roken. Nou, ik ben gestopt, schrijf dat nog maar een keer op. Ik ben bang dat mijn imago tegen me werkt.'

Ik zei hem dat zijn imago al bepaald is.

Theo: 'Ja-haa, ik weet heus wel dat ik niet in de hoofden van de mensen kan kruipen om het beeld bij te stellen. En ik... eh... ik ben ook anders. Bij ons op het trainingscomplex zitten trainers die iedere dag drie uur achter de computer zitten. Ik schrijf het gewoon op een papiertje. Weet je wat het ook is? Bepaalde mensen op wie ik altijd kon bouwen vallen een voor een weg. Nu krijg ik soms het gevoel dat ik blij mag zijn dat ik er nog mag rondlopen.'

'Er zijn wel meer uitgesproken figuren. Willem van Hanegem is ook niet bepaald doorsnee.

Theo: 'Misschien dat ik de oren wat te veel laat hangen op dit moment. Ik had gewoon gehoopt dat het wat makkelijker zou gaan allemaal.'

'Man, alles komt je aanwaaien.

Theo: 'Ik ben al blij als ze m'n contract straks verlengen. Als ik zie wie er nu de machthebbers zijn, weet ik dat niet zeker. Ik ben scout geweest onder Marc van Hintum, ik denk niet dat ik de makkelijkste scout was. Ik heb gewoon een andere werkwijze, ik verschuil me niet achter een papierwinkel.'

Een van zijn eerste klussen als scout bracht hem naar het Terborg Toernooi in de Achterhoek. Hij maakte toen nul aantekeningen en leverde bij de club een velletje met de opstelling in waarop hij alle namen had doorgestreept.

'Weet je wat dat was? De A1 van De Graafschap, dan weet je van tevoren al wel dat de kans klein is dat er een talentje tussen zit. Ze wilden dat je alle scoutingsklussen op de computer uitwerkte, maar ik schreef sowieso nooit wat op. Als trainer maak ik ook nul aantekeningen. Als je mij vraagt wat er is gebeurd, kan ik dat zo allemaal voor je samenvatten. Ik kan jou alles vertellen, hoe iemand gelopen heeft, waar hij... Ik hoef dat niet op te schrijven.'

Ik zei dat ik zo over de journalistiek denk en dat ik daarom geen aantekeningen maakte.

Theo gaf me een ram op mijn schouder. 'Zijn we het weer eens.'

Ester zei dat we de volgende dag ziek zouden zijn vanwege het eten van zoveel ongezonde plofkip.

Theo: 'Ik ga de hele auto onder ruften. Plofscheten.'

'*Doe toch normaal.*

Theo: 'Hoezo, het is toch mijn auto? Of wou jij naar het stadion lopen?'

Theo veegde zijn mond af met een servet. Een vader informeerde of er een foto kon worden genomen van Theo met zijn zoontje. Hij zei: 'Die goal van jou, die vergeet ik nooit meer.'

Theo: 'Welke goal?'

De vader: 'Nou die waarna je dat hele veld over rent.'

Theo: 'O, die.'

In de Grolsch Veste werd Theo vaak herkend, mensen sloegen hem op de schouders. Ze bedankten hem dat hij aanwezig was bij deze voor de club toch zwarte dag en wilden met hem op de foto. Hij genoot van de aandacht en poseerde graag.

Bij een van de snackpoints kwam hij Jeroen Heubach tegen. Hij was even een kwartier weg. Ester en ik bleven braaf wachten.

'Waar hadden jullie het over?' vroeg ik toen hij er weer was.

Theo: 'Is niet voor in het boek. Of denk je dat ik het de hele tijd over voetbaltechnische zaken heb als ik iemand tegenkom?'

We zaten op de eretribune, direct achter het Sparta-bestuur.

Theo haalde koffie.

Hij morste een half kopje op het colbert van een

Sparta-bestuurder, dat was het hoogtepunt van de wedstrijd. Bestuurders van FC Twente kwamen naar hem toe om hem een hand te geven – 'Mooi dai der bunt, Theet' – alsof zijn aanwezigheid een statement was.

Theo liet me op zijn iPhone het doelpunt zien dat hij maakte tegen Inter Milan (2-2, 2010). Het was het eerste doelpunt van FC Twente ooit in de Champions League. Hij had zichzelf na het behalen van de landstitel beloond met een tatoeage van een kampioensschaal op zijn schouder. Ik had ooit een item gezien bij *DWDD* waarin toen nog Jakhals Erik Dijkstra hem probeerde over te halen om een Twents ros op zijn lijf te laten tatoeëren. Theo was nog steeds blij dat hij dat destijds niet had gedaan.

'Ik denk niet dat ze dat in mijn omgeving hadden gepikt.'

Hij vertelde dat ze in het kampioensjaar 2009-2010 van FC Twente vaak gingen stappen. Hij noemde Peter Wisgerhof, Wout Brama en Sander Boschker als stapmaatjes, maar zei ook dat vriendschappen in de voetballerij nooit beklijven.

'Het is dat moment, meer niet. Je ziet elkaar op het trainingsveld, daarna rijd je weer weg en ben je in Arnhem. Dan is de afdeling Twente weer even gesloten. Jeroen Heubach spreek ik nog af en toe. Boschker ook. Het is leuk om ze soms weer tegen te komen. Heubach was linksback. Uitgerekend in het jaar dat wij kampioen werden was hij uitgeleend aan NEC, maar omdat hij dat jaar aan het Ajax-publiek een Twente-shirt liet zien, werd hij bij ons heel populair. Slim wel. Eigenlijk had ik nog het beste contact met elftalleider Toon Renes. Hij is in 2017 overleden. Hij was mijn rookmaatje.'

'Was je de enige die rookte?

Theo: 'Nee, er waren er ook een paar die rookten als ze een biertje ophadden.'

'Hoe was het toen je daar voor het eerst was?

Theo: 'Ik ben iemand die de kat uit de boom kijkt. Wat voor types zijn het? Ik moet zeggen dat het me vrij makkelijk afging. Mijn eerste Twente-wedstrijd was trouwens in GelreDome. FC Twente-Arsenal, ze waren het stadion in Enschede aan het verbouwen. Ik zat op de bank, onder McClaren begon ik nooit in de basis bij grote wedstrijden. Hij vond dat ik verdedigend te weinig bracht. Ik vond het in eerste instantie wel prettig dat hij me dat kwam zeggen. Een maand later, we speelden weer een grote wedstrijd, stond hij weer voor me. Toen heb ik wel gezegd: "Trainer, je hoeft het me niet elke keer te komen zeggen, ik weet nou wel dat ik niet speel. Zet het maar lekker op het bord. Ik ga gewoon keihard werken en zorgen dat ik erin kom."'

'Een houding die je bij Vitesse nooit op kon brengen.

'Daar was ik meteen in de aanval geschoten. Dat komt misschien omdat ik daar een iets groter bereik had.' Hij wees om zich heen, naar de volle tribunes. 'Dit heb je niet bij Vitesse, toch? Ik zeg niet wat beter is, zelf zou ik ook de helft van de tijd niet komen opdagen, maar voor spelers is dit wel leuk, hoor. Ik denk dat FC Twente na Feyenoord het beste publiek van Nederland heeft. Stadion altijd vol, altijd sfeer, altijd zingen...'

Ester: 'Ja, allemaal gejatte liedjes. 'You'll Never Walk Alone', grote schande. Nepclub.'

Theo: 'Oh ja, mevrouw is voor Liverpool. Die worden echt nooit kampioen.'

Ester: 'Nou ophouden, hè? O, ik kan hier zo pissig van worden.'

Theo: 'In de voorbereiding op mijn eerste seizoen bij FC Twente speelden we bij een amateurclubje, zaten er ook gewoon een paar honderd van de harde kern. Ze hadden een grote mond tegen Heubach en mij. Nou, toen heb ik wel even wat teruggezegd. Hoorde ik later van Heubach dat ik had staan schreeuwen tegen de grote man van Vak P en dat die het juist heel gaaf vond dat ik opkwam voor de spelers.'

Jij blij:

Theo: 'Ja, beter dan dat-ie het kut vond, toch? Ik moest er in het begin wel aan wennen dat ze mijn naam scandeerden. Bij Vitesse gebeurde dat bijna nooit, en dan nog alleen als ik een vrije trap moest nemen. Vitesse-supporters kiezen altijd voor de underdog of een onbekende, nooit voor zichzelf.'

Ester: 'Ze kiezen gewoon voor pleasers.'

Theo: 'Het gekke was: bij FC Twente vonden ze alles prachtig. Als ik foto's of handtekeningen moest uitdelen sloeg ik er gewoon tweehonderd over. Als ik dan passeerde, zeiden ze: "Ah, dat is Theo, hè?" Lekker makkelijk. Als ik dat bij Vitesse deed, was het meteen van "klootzak". Daar eisten ze echt dat je alle tijd nam. Ik had alleen nooit zin om drie uur tussen die gasten te staan en met iedereen op de foto te gaan.'

Ik herinnerde hem aan een bezoek aan Center Parcs waar Vitesse in 2006 fandagen organiseerde.

In de Jungle Dome in Center Parcs stonden palmbomen, vlogen tropische vogels over en zaten Vitesse-supporters. De avond ervoor hadden ze op een groot scherm naar Sparta-Vitesse gekeken en dat had niemand goedgedaan. Trainer Edward Sturing namen ze niets kwalijk. 'Die moet roeien met de roeispanen die hij heeft. Hij heeft gewoon slechte roeispanen.' Ze gingen de spelers erop aanspreken. Een man in Vitesse-shirt nam een hap van zijn pannenkoek en zei: 'Ik heb begrepen dat ze de hele dag tot onze beschikking zijn? Mooi, dan schop ik er een paar het hele park over.'

'Wie dan?' vroeg ik.

'Amoah,' zei de man.

'En Gluščević?' vroeg ik. 'Wat doe je daarmee?'

'Helemaal niks,' zei de man. 'Maar hij moet geen handtekening op mijn kinderen zetten. Die was ik er meteen af.'

In de sporthal was een parcours met voetbalspelletjes uitgezet. De spelers stonden verspreid door de hal. Bijna alle kinderen vlogen als eerste op Theo Janssen en Youssouf Hersi af. 'Pfff,' zei Theo. 'Waarom komen die gasten altijd allemaal naar mij?' Hij poseerde geduldig met kinderen, huisdieren en ouders en zette overal handtekeningen. Af en toe attendeerde hij ze op andere spelers. 'Ga daar maar heen. Daar staat Purrel Fränkel, die is ook heel goed. Of Gluščević bij het klimrek. Altijd leuk.'

Theo vertelde dat ze hem zowel bij Vitesse als bij FC Twente als boegbeeld zien.

'Ik had nog best drie of vier jaar bij FC Twente willen spelen, maar op een gegeven moment gingen ze in *Voetbal International* zeggen dat ik niet goed in de groep zou liggen. Dat ik vooral lastig was. Dat was helemaal niet waar. Ik heb op een gegeven moment met wat spelers gebeld om te vragen wat of dat voor geouwehoer was. "Wat lopen jullie nou te lullen dat ik niet goed in de groep lig?" Ik heb altijd gedacht dat het van Munsterman kwam. Hij was goed met Johan Derksen, dus ik denk dat hij dat gevoed heeft. Ik zat echt woedend naar de televisie te kijken als dat werd gezegd, maar ik kon er ook niets aan doen. Als dat niet gebeurd was en ze hadden me een aanbieding gedaan, had ik echt zo bijgetekend. Toen ik zoveel wedstrijden had gespeeld kwam Joop Munsterman de kleedkamer in. Ik kreeg een pen, dezelfde pen als waar ik mijn contract mee getekend heb. Ik zei dat hij moest opflikkeren, dat ik klaar was met dat domme gelul van hem.'

Ester: 'Dat trok dat ego van die sektarische engerd natuurlijk niet.'

Theo: 'Joop is natuurlijk een beetje een vreemde man. Als je aan zijn eer komt, wordt hij woest. Terwijl hij ook goede dingen heeft gedaan. Toen we kampioen werden, ben ik naar hem toegegaan en heb gezegd: "We moeten wat leuks doen, Joop. Hoe vaak word je nou kampioen?" Ik had verzonnen dat het leuk was als we allemaal een Rolex met inscriptie zouden krijgen. Wat ik mooi vond was dat hij die ook bestelde voor Toon Renes, voor materiaalman Jacob Malki, voor de vrouwen achter de bar en voor nog wat mensen. Dat vond ik dan wel weer top. Daar heb ik respect voor. Hij kon er alleen niet tegen als er iets over hem gezegd werd.'

Ik vroeg hem waarom hij tijdens ons gesprek de hele tijd op zijn telefoon kijkt.

'Ik kan niet focussen, dat weet je toch. Het gekke is wel dat ik alles meekrijg. De wedstrijd, zelfs de gesprekken om ons heen.'

Ester: 'Hoogsensitief.'

Theo: 'Je hebt gelijk.'

Ester: 'Nee, Theo is echt hoogsensitief.'

'Ben ik dat ook?

Theo: 'Nee, jij bent debiel.'

Theo dacht na over zijn gevoelige kant en zei dat als

hij niet in het voetbal had gezeten, hij waarschijnlijk was gaan werken in een huis waar mensen zitten met een beperking. 'Met de club gaan we weleens op bezoek bij huizen waar kinderen met weinig mogelijkheden zitten. Je ziet dat die heel blij worden als je met ze speelt en kletst. Dat geeft mij voldoening.'

Ester: 'Dit vind ik mooi. Mensen krijgen als ze dit lezen toch een ander beeld van jou.'

Theo: 'Mensen kennen mij gewoon niet. Ik heb het daar ook weleens met mijn vriendin over. Die zegt ook: "Het beeld dat ik van tevoren van jou had klopt gewoon niet. Alles aan jou is anders dan ik dacht." Ik kijk bijvoorbeeld heel veel films, ik heb een Pathé Unlimited-pas. Wat er echt ook in zit bij ons is donderdagavond *Expeditie Robinson*. Hoe heet die zangeres, die oude vrouw? O ja, Corry Konings. Goed bezig, die Corry. Series houd ik ook van. Wij kijken nu naar een Deense serie op Netflix. Die vind ik wel oké. Geen topper, maar ik kijk 'm uit principe dus wel uit. Ik vind: als je ergens aan begint moet je het ook afmaken. Op televisie mocht ik graag naar *DWDD* kijken, maar dan erger ik me ook. Vooral aan die tafelgasten. Er zijn er een paar die de hele tijd terugkomen, van wie ik denk: hoezo?'

In het stadion draaiden ze 'You'll Never Walk Alone'.

Ester: 'Dan ga ik nu even pissen, sorry hoor. Kan echt niet.'

Theo: 'Dit was altijd het lied van FC Twente, al honderd jaar geleden, die andere club uit Engeland, Liverpool of zo, heeft 'm gestolen.'

Ester: 'Ik kan er niet tegen. Hou op.'

Theo: 'Wat is het clublied van Vitesse? 'Geel en Zwart', toch? Dat hebben ze toch ook gestolen?'

'Ja, van Schalke 04, daar heet het 'Blau und Weiss'.

Ester: 'Nederlandse clubs hebben geen traditie, echt niet.'

Theo: 'Je gaat toch wel voor minimaal het beste sportboek ooit, hè?'

'Dit wordt het beste sportboek ooit geschreven. Mensen gaan jouw uitspraken nog jarenlang tegen elkaar herhalen.

Theo: 'Denk je dat er een verfilming in zit?'

'Dit wordt de nieuwe Big Lebowski.'

Ester: *'Theet, the movie.'*

Theo: 'Hoezo 'big'?'

Ester: 'Die film staat op Netflix, spreekt jou wel aan.'

Theo begon weer over de titel.

'Denk je dat dat verkoopt, *De Dikke Prins*? Geschreven door het gehandicapte neefje?'

Ester: 'Ja, nou weten we het wel. Dat wordt 'm gewoon, hoor.'

Theo: 'Ik zit de hele tijd te denken aan *De twee gezichten van Theo Janssen*.'

Ester: 'Het is geen *Zomergasten*, hè?'

Theo: 'Stel even wat vragen, het is een zaadwedstrijd.

Sparta is niks, FC Twente heeft nog een lange weg te gaan.'

Hij kreeg een sms.

'We zijn samen gespot, live op Fox. We zagen eruit als twee halfies. Stel even wat korte vragen.'

'Rijd je nog paard?

'Nee, volgende vraag.'

'Je had toch een paard?

'Nee, ik reed op een paard. Dat woonde op een boerderij. Ik weet echt niet hoe het nu met het paard is. Dood of zo.'

'Ben je nog ambassadeur bij Stichting Jaimy?

'Ja, ik heb dat ambassadeurschap overgenomen van Theo Bos. Dus ik zet me nu ook in voor het goede doel. Laatst hadden ze een veiling bij de golfclub in Elst, daar wilde je niet naartoe komen, toch? Nou, daar heb ik voor duizend euro de nieuwste iPhone gekocht. Ik ben wel enthousiast. Hij doet het op gezichtsherkenning. Voor de rest een beetje aanwezig zijn, op de foto gaan, ambassadeursdingen.'

Tegen Ester: 'Wat zei Theo Bos altijd voor zinnetje?'

Ester: 'Het is zoals het is.'

Theo: 'Als ik nou zeg: 'Ik ben wat ik ben.''

'Ja, ik ook.

Theo: 'Nee, jij bent jij. Alsof jij zo goed bent in titels. Wat had je ook alweer verzonnen voor je vorige kutboek dat stiekem over mij ging? O ja, ik weet het weer: *Schijt*.'

Tegen Ester: '*Eerlijk en eigenzinnig*?'

Ester: 'Nou, denk er nog maar even over na. Het hoeft niet vanavond.'

Theo: 'Het moet wel vanavond, bij mij is het bij alles: boem, klaar! Moet het niet *Theo* heten?'

Ester: 'Weet je wat ik daartegen heb? *Wendy*, *Linda*, allemaal troep.

Theo: 'Uitkijken, mijn vriendin heet Linda, hè?'

Ester: 'Maar wil jij in dat rijtje op die manier?'

Theo: 'Ik denk zomaar dat ik daarbuiten val als je gaat lezen wat ik allemaal te zeggen heb.'

'Zullen we daar dan ook eens op focussen, in plaats van op die kuttitel?

Theo: '*Het glas is half leeg*!'

Daarna: 'Ook weer niet leuk zeker.'

Na afloop bleven we niet hangen. Nadat Theo met tien mensen had geposeerd, op een grote foto van zichzelf aan de muur in de hal had gewezen en een aantal bestuursleden had gegroet, konden we weg. Ik zei dat ik het iets zieligs vond hebben als volwassen mannen een voetballer aan de borst drukken alsof hij een goede vriend is.

Theo: 'Kan ik toch niets aan doen?'

We kwamen in een file terecht.

Theo: 'Dit is een stuk schijtweg, echt niet meer normaal. Altijd file, bel maar vast naar huis dat het een paar uur later wordt. Er staat daar al jaren een debiel van een verkeersregelaar, niet normaal meer.'

Ester: 'Wat een schijtvolk is het toch.'

'Ga dan over de stoep.

Ester: 'Dat ik er een paar meepak op de bumper, bedoel je dat?'

Theo: 'Zet effe een raampje open, er komt er weer een. Ik voel 'm zakken.'

Ester deed alle raampjes open.

Theo ging ervoor liggen.

Ester: 'Is-ie er al uit? Ik hoor niets.'

Theo: 'Nee, was een geruisloze. Maar wel een goeie zeg... Zo-oo.'

Tegen ons: 'Komt-ie al binnen?'

Ester: 'Waarom noem je dit boek niet *Schijt 2*? Of gewoon *Scheet*?'

Ik begon me hardop te beklagen.

'Ik heb twee kinderen, ik heb het hartstikke druk. En dan ga ik een boek schrijven over een debiel, die als ik in Arnhem ben vraagt of ik aan z'n vinger wil trekken. Niets inhoudelijks, gewoon een paar scheten. Dit is de bodem.

Theo: 'Wist je dat Munsterman dit hele gebied wilde laten volbouwen door FC Twente? Twentepark moest het heten. Zat je 's morgens bij de club, lekker rustig, kwam hij weer zo'n verhaaltje vertellen. Net niet gelukt, jammer.'

Ester: 'Wilde Karel ook bij Vitesse: Vitesse World. Je zou er de hele dag kunnen gokken, er kwamen palmbomen en voor de rest was alles Vitesse.'

'Zou ik echt nooit heen gaan, heel vermoeiend.'

'Ben je weleens bij Munsterman thuis geweest?

'Nee nooit. Ik ben wel bij heel veel mensen thuis geweest, maar dat is niet voor in dit boek. Het wordt geen Andy van der Meijde-boek. *Ik ken Hengelo vanbinnen en vanbuiten* zou het dan moeten heten.'

Ester: 'Die Andy, dat is toch compleet schaamteloos? Hij was de eerste die open kaart speelde, zou nu niet meer werken.'

Theo: 'Ik vind *Theo wie?* een goede titel. Dan gaan mensen toch nadenken. Theo? Welke Theo? Wat heeft die gozer bereikt? Wie is dat? Waarom een boek?'

Ester: 'Ik vind *Who The Fuck Is Theo?* ook wel mooi.'

Theo: 'Ja, dat is – hoe zeggen schrijvers dat – lekker dubbelzinnig. Bij mij is het altijd dubbelzinnig. Ik neem mezelf heus niet zo serieus. Ik vind *De Dikke Prins* heel grof, dan denk je meteen aan mijn uiterlijk.'

'Ja, hoor, te grof.

Theo: 'Ik vind het voor mezelf gewoon niet leuk.'

'Viel FC Twente je mee of tegen?

Ester: 'Ja, zeg maar Theo, jouw analyses zijn altijd goed.'

Theo: 'Het viel niet mee of tegen, het was wat ik ervan had verwacht. Een beetje net niet.'

'Niet echt kampioenskandidaat.

'Nee, maar Sparta toch ook niet? Dat was toch kampioenskandidaat nummer 1? Die vielen me pas echt tegen!'

'Lag dat niet ook een beetje aan de speelstijl?

'Ik vond de manier waarop zij speelden heel makkelijk. Ik bedoel, als je 5-3-2 speelt, dan verwacht je dat je via je back iets wil bereiken. En wat ze nu deden, was eigenlijk alleen maar de lange bal schieten.'

'En meende je wat je zei, dat je Wout Brama de beste speler van het veld vond?

'Ja, dat was veruit de beste. Brama is echt een bloedzuiger. Als hij de bal heeft, doet hij altijd logische en goede dingen. Hij doet geen spectaculaire dingen, maar wel logische dingen. En die andere spelers doen heel weinig logische dingen.'

Ester: 'Een Cruijffiaanse uitleg.'

Theo: 'Is dat zo? Ik vond de rest echt heel slecht.'

'Ik vond het wel grappig dat Royston Drenthe aan het eind van de wedstrijd een ballenjongen aanviel.

'Hij liet 'm alleen een beetje schrikken. Vond ik stiekem ook wel grappig. Voor de rest was er geen reet aan.'

'Ligt ook wel aan Henk Fraser.

'Hij wil vanuit de controle wat bereiken.'

'Het is niet om aan te zien, net als Vitesse vorig seizoen.

'Ik moet eerlijk zeggen: het was niet heel bijzonder, verre van dat zelfs.'

'Wat wel een hoogtepunt was: die koffiedruppels op het jasje van die Sparta-bestuurder. Ik zat achter hem: het duurde lang voordat die druppels erin getrokken waren. Hij had niets in de gaten. Jij gooide je koffie weg omdat

je die goor vond en ik zag het gebeuren: spatten op zijn jas, op zijn hoofd.

'Ik heb het zelf niet helemaal meegekregen.'

'Ik heb het voor je gefotografeerd. Eventueel een prachtige illustratie.

'Maar toch knap van Twente, met zo'n selectie.'

'Leuk ook dat je werd herkend door de supporters. Ze vinden je duidelijk iets speciaals. Ik weet niet of je daar zelf van geniet.

'Ik kan dat absoluut waarderen. Als ik hier zou lopen en niemand zou wat zeggen, zou ik denken: oké, misschien toch iets niet goed gedaan.'

'Bij supporters van Vitesse proef ik die warmte minder.

Ester: 'Haha, flikker nou toch op!'

'Wat vind jij echt een kutteam in de Eredivisie, Theo?

Theo: 'Nu?'

'Wie wil jij dat er degradeert? Of waar had jij een hekel aan om naartoe te moeten?

Theo: 'Moet het weer negatief?'

'Wat vond je wel leuke teams om tegen te spelen?

'NAC: mooie club, lekkere sfeer, mooie kleuren.'

'En NEC?

'Vond ik ook leuk, ik kan goed focussen als ze me allemaal uitschelden.'

'Waarom ben je nooit naar het buitenland gegaan?

'Genk toch? Of vind jij België geen buitenland? Financieel gezien was het wel beter geweest om nog een paar jaar in het buitenland te spelen. Na Ajax kon ik naar Bursaspor. Daar kon ik echt geld verdienen.'

'Maar ja, dan zit je daar.

'Daar zat ik niet echt op te wachten. Ik wilde gewoon terug naar Vitesse.'

Ester: 'Ik zie jou ook niet in Turkije zitten.'

'Was op zich wel een leuk boekje geweest: Theo in Turkije.

Ester: 'Net zoiets als *Kuifje in Caïro*... klinkt goed.'

'Wist je dat FC Twente vorig jaar de meest gehate club was?

Ester: 'Ben je verkouden?'

Theo: 'Nee, ik begin me te ergeren. Dan ga ik...'

Theo maakte een schraperig snuifgeluid met zijn keel.

'Dan ga je snuiven?

Ester: 'Doe 'm eruit!'

'Wat 'Doe 'm eruit'?

Ester: 'Uit het raam, die rochel.'

Theo: 'Ik heb helemaal geen rochel.'

Ester: 'Dan heb je die weer ingeslikt, vetje.'

Theo: 'Nee, ik had helemaal geen rochel.'

'Jezus, wat een gesprek dit, "Vetje". Wanneer ben je begonnen met dat tatoeëren?

'Pfff... ik denk toen ik een jaar of 20, 21 was.'

Ester: 'Toen hij drie was.'

'En wat was de eerste?

'Dat was gewoon een tribal. Want dat was hip toen.

Daar heb ik later wat overheen laten zetten. Maar ik heb geen spijt, want op dat moment voelde het goed.'

'Je zei een keer tegen mij dat het een soort verslaving is, tatoeages.

'Is ook zo. Op een gegeven moment heb je er zoveel, dan maakt die ene ook niet meer uit. Het wordt gewoon steeds makkelijker. Bij de eerste denk je nog na.'

'Dat hebben we gezien. Ik weet nog wel dat jij voor het eerst met ontbloot bovenlijf op het veld stond en we al die sterren op je lichaam zagen. Het AD publiceerde een foto en kopte: 'Nieuw uitshirt Vitesse?'

'Pfff.'

'Ja, ik vraag ook maar wat. Voor hetzelfde geld krijg ik een bruikbaar antwoord.

'De titel hebben we ondertussen wel, hè. Wat was die ook alweer?'

'De titel is: Theo Janssen. Marcel van Roosmalen in gesprek met De Dikke Prins. *Of:* Marcel van Roosmalen praat met De Dikke Prins. *Heel goed. En de cover gaat lijken op de filmposter van* Fear and Loathing in Las Vegas.

'Lijkt mij top. Ik wil dat ik er heel cool uitzie en jij als een nerd. Met je pornobril.'

Ester: 'Laat die snor dan ook groeien.'

'Zal ik doen. Ik wil mezelf ook best voor lul zetten.

Theo: 'Weten we.'

'"Weten we". Goed gesprek dit. Wat ik typisch de voetballerij vind, is dat iedereen altijd doet alsof ze elkaars

beste vrienden zijn. Als jij nu vanavond Aad de Mos tegen zou komen, zou hij jou omhelzen.

Ester: 'Nou...'

Theo: 'Ik denk wel even een handje.'

Ester: 'Maar geen omhelzing.'

Theo: 'Weet je nooit. In de voetballerij kan je ruzie hebben en het volgende moment is het weer goed. Heb je wat aan dit antwoord? Of is het weer niet goed?'

'Ja, dit is geloof ik wel bruikbaar. Ik leg de lat steeds lager. Het is ook mogelijk dat ik dit allemaal niet afluister. Met al die scheten en zo. Als ik daar nog een keer naar moet luisteren word ik gek.

Ester: 'Dan verzint hij het gewoon.'

'Ja, dan verzin ik een beter antwoord, zover ben ik inmiddels. Word jij trouwens niet slechter van. Je beste uitspraken heb ik gedaan.

'Dus wat we hier doen is gewoon waardeloos. Jij lult gewoon maar wat in de hoop dat ik wat zeg.'

'Daar komt het wel op neer.

'Dan kan je een paar domme vragen stellen en kan ik wat domme antwoorden geven en dan gaan we gewoon verder op die manier. Maken we er gewoon een dom boekie van.'

'Ja, dit is al heel bruikbaar.

Ester: 'Is Jorgos naar het buitenland of zo? Ik heb hem van de week twee keer gebeld en toen kreeg ik een heel raar piepje.'

Vader Alex en moeder Martha rond 1975.

Baby Theo met zijn vader in het ouderlijk huis aan de Daendelsstraat in Arnhem, 1981.

Het hele gezin Janssen met op de bank: Patricia, Johan, Theo en Patrick.

De vijfjarige Theo, met bril, op de schoolfoto.

Het schoolvoetbalelftal op de Hugo de Grootschool met Theo staand links en broer Johan gehurkt links.

In de jeugd bij Vitesse. Theo gehurkt uiterst rechts.

In 2002 zit Theo Rafael van der Vaart op de huid tijdens Vitesse – Ajax. © VI-images

Janssen viert zijn doelpunt voor FC Twente in het duel met Ajax
in het seizoen 2010/2011. © VI-images

Na het landskampioenschap in 2010 wint FC Twente, met Theo Janssen,
in 2011 ook de KNVB Beker. © VI-images

In 2012 wordt Theo ook landskampioen met Ajax. Hier poserend met de schaal, Mats Rits, Jan Vertonghen en Toby Alderweireld. © VI-images

De supporters van Vitesse verwelkomen hun clubicoon terug in Arnhem aan het begin van het seizoen 2012/2013. © VI-images

Het afscheidsfeestje van restaurant Delphi met Ester Bal, Jorgos en dj Walter Witlov. © Jan Dirk van der Burg

Theo op het feestje van Jorgos met hier nog een heel borstbeeld. © Jan Dirk van der Burg

Na zijn actieve loopbaan is Theo actief als analist. Hier met René van der Gijp bij VI Oranje in 2014. © VI-images

In functie als jeugdtrainer bij Vitesse in december 2018. © VI-images

Theo: 'Hij was dus niet zelf aan het piepen? Dat weet je bij Jorgos nooit.'

Ester: 'Nee, het was echt een apparaat, niet Jorgos die een piep nadeed.'

Theo: 'Ik heb hem van de week week nog op Papendal gezien.'

De file loste zich op.

We passeerden de verkeersregelaar die verantwoordelijk was voor het oponthoud.

Ester: 'Dank je wel, broekenpoeper! Weer een uur van mijn leven weg.'

Theo: 'Wat maakt dat nou uit?'

Ik begon tot ergernis van Theo weer over voetbaltechnische zaken waar ik volgens hem geen verstand van heb.

'Eigenlijk is het een wonder dat Vitesse met Fraser de enige prijs heeft binnengehaald.

Ester: 'Het is een geen spannende trainer, maar wel een aardige vent.'

Theo: 'Henk Fraser is een heel rustige, relaxte man, die staat voor zijn spelers en voor de club. Ik vind het echt een goeie vent. Alleen hoe hij voetbalde, was niet mijn manier. Ik zag liever Peter Bosz. Zag er altijd wel gelikt uit. Ging ook niet altijd goed, maar het was in ieder geval leuk om naar te kijken.'

'Onder Fraser was het gewoon niet om aan te zien.

'Vandaag speelde hij 5-3-2 met Sparta, dan wil ik wel

veel werk zien van de backs. Dan wil je dat die aanvallend veel brengen, maar dat was niet zo. Maar we moeten niet te diep over voetbal praten, hè? Dat is toch te saai?'

'Een beetje mag wel. Af en toe. We moeten wel laten doorschemeren dat je er verstand van hebt.

'Is goed voor mijn carrière natuurlijk.'

'Dat is het. We zetten je wel even neer als trainer.

Ester: 'Voetbalorakel.'

Theo: 'Daar moet je mee uitkijken, hoor.'

'Haha, niks zeggen en heel kritisch je woorden gaan wegen. Orakel kan niet? Nou, nou...

'Ieder woord dat jij noemt waar ik het niet mee eens ben ga ik herhalen.'

'Ga ik allemaal opschrijven, alles waar jij het niet mee eens bent. Orakel, liever niet. Staat genoteerd.

'Dikke Prins, liever niet.'

'Dat is al genoteerd. Die hele debiele discussie. Je enige grappige bijdrage vond ik dat je zei: "Zet je er wel bij 'door de halve debiel?"'

'Ik zei "geestelijk gehandicapte". Ook genoteerd?'

Theo liet weer een wind.

Ester: 'Jezus, ik zit het de hele tijd in te houden en jij gooit het er gewoon uit.'

'Ester, als jij van plan bent om ook alles te laten lopen, dan kap ik er echt mee. Dan gaan jullie maar lekker met z'n tweeën een boek maken.

Ester: 'Het is net als met gapen. Als je een ander ziet gapen, moet jij ook gapen. Tenzij je een psychopaat bent. Zo herken je een psychopaat. Als je niet gaapt als een ander gaapt, is dat een gebrek aan empathie. Dat is een kenmerk van een psychopaat.'

Theo tegen mij: 'Dus jij bent een psychopaat.'

'Theo, wat vind jij ervan dat Ester bij FC Den Bosch gaat werken?

'Ze is thuis in de voetballerij, dus ik vind het een goede zaak.'

'FC Den Bosch wordt een soort Vitesse 2. Paul van der Kraan zit er. Piet Velthuizen loopt daar binnenkort ook rond.

'Is dat zo? Ik hoorde dat Piet tegenwoordig met AZ meetraint.'

'Bij AZ? Oh, via Van den Brom natuurlijk. Heb jij weleens contact met Piet, Theo?

'Nee. Ik heb ook eigenlijk nooit contact met Piet gehad. Piet is een leuke kerel, maar Piet is gewoon heel erg druk.'

Ester: 'Piet is alleen met Piet bezig. Heb je nou weer een scheet gelaten?'

Theo: 'Nee, dit was de nawalm. Sinds ik ben gestopt met roken laat ik scheetjes, die...'

'Ook met verkleinwoordjes over je eigen scheten praten. Ik droom vannacht van deze autorit, zo erg vind ik het. Wat moet ik zeggen als de vriendin vraagt hoe het was? 'Ester en Theo lieten alles lopen, ik zat erbij?'

Ester: 'Ik heb niks laten lopen.'

Theo: 'Nou, Ester, dat eerste scheetje was duidelijk van jou. Kunnen we gewoon terugluisteren hoor, dat scheetje van jou.'

Ester: 'Ik kan er wel een laten hoor, voor het geval.'

Theo: 'Grote mond. Ik geloof er niks van.'

Ester miste een afslag.

Ester: 'Sorry.'

Theo: 'Maakt niet uit. Ik laat gewoon een scheetje en jij rijdt gewoon om.'

'Ik wil gewoon weg.

Theo: 'Jij wil gewoon nog langer genieten van dat scheetje.'

'Ging jij toen je bij Ajax voetbalde weleens in Amsterdam stappen?

'Jawel.'

'Vond je Amsterdam een leuke stad?

'Ik vond Amsterdam geen leuke stad.'

'Waarom niet?

'Ik vind Amsterdam te druk. Ik vind een stad leuk als het leeft, maar hij moet af en toe ook een beetje rustig zijn.'

'Wat zijn jouw favoriete steden in Nederland?

'Ik vind Den Bosch altijd wel leuk om naartoe te gaan. Heel relaxed. Ik vind Maastricht ook wel wat hebben. Rotterdam ook. Maastricht en Den Bosch zijn gewoon heel gemoedelijk. De bevolking is ook gemoedelijk. Leuke mensen. Rotterdam, die industrie, dat kale, dat oude soms... daar houd ik ook wel van.'

'En Enschede?

'Enschede is superleuk. Ik heb daar ook wel goede herinneringen aan. Als wij gevoetbald hadden, gingen we met tien, vijftien man op stap na de wedstrijd.'

'Waar gingen jullie dan heen?

'Wij gingen altijd naar Hengelo. We hadden daar een vaste kroeg. De eigenaar was een vriend van Sander Boschker. Wij mochten daar achter de draaitafel staan en biertjes tappen als we dorst hadden. Voor hem was het ook goede business, want omdat wij er allemaal waren, was die tent afgeladen vol. Bij Vitesse heb ik het de laatste jaren niet meegemaakt dat we met z'n allen in een kroeg stonden. In de begintijd wel. Toen ik bij het eerste kwam, zat je soms twee uur na de training nog steeds op de club. Dan was je aan het kaarten, sommigen waren aan het gokken, anderen waren aan het tafeltennissen of biljarten. Maar je was gewoon dingen met elkaar aan het doen.'

Ester: 'Zoals gokken?'

Theo: 'Ja, er waren er een paar en die waren altijd aan het gokken.'

'Waarop?

Ester: 'Op gokkastjes, Einstein.'

'Er stond een gokkast op de club?

Theo: 'Op Nieuw-Monnikenhuize stond in de kantine gewoon een gokkastje.'

'Als je vroeger naar de Big Apple op de Korenmarkt ging, stond Martin Laamers er te gokken. Standaard.

Theo: 'Ja, dat was een van die jongens met die hobby. Dat was gewoon normaal.'

Ik had hem in 2006 zelf ook weleens achter een gokkast aangetroffen.

Theo: 'Ik ben wel blij dat ik daarmee gestopt ben, ook met pokeren trouwens.'

Theo Janssen zat met een vriend achter de gokkasten in café Bloopers. Op de barkruk naast hem stonden drie asbakken met 2-euromunten. Ze waren al een tijd bezig en het ging eindelijk goed. Ik sloeg Theo op de schouder en zei: 'Maak eerst je spel maar af.'

'Dat was wel de bedoeling,' zei Theo.

Hij riep naar het meisje achter de bar dat ze mij koffie moest brengen. Ik ging aan de bar zitten en las er *De Telegraaf* en het *Algemeen Dagblad*. Toen Theo klaar was met spelen, liet hij mij de asbakken zien. Ze zaten nu helemaal vol met munten.

'Winst?' vroeg ik.

'Dat werd wel tijd,' zei Theo. 'Ik heb hier genoeg geïnvesteerd.'

We gingen aan een tafel bij het raam zitten.

Hij vertelde wat er allemaal slecht geregeld was bij Vitesse. 'Waar zal ik beginnen? De trainingsaccommodatie. Je hebt het zelf gezien: die stort bijna in. Zoiets zie je nergens. Ik heb het zo vaak aangekaart. Het enige wat ik wil is een goed veldje, een fatsoenlijke kleedkamer en douches met wat water. En de kleren, dat is toch een schande? Bij uitwedstrijden moeten we een spijkerbroek van onszelf aan en daar bovenop dan zo'n Quick-trui. Ze kunnen in die fabriek niet eens goeie broeken maken. We lopen gewoon voor lul. Quick is helemaal niets. Vieze rotzooi.'

Over het eten – 'Niet echt ideaal voor iemand die op zijn gewicht moet letten' – en de medische begeleiding was hij evenmin te spreken. 'Ik hoor dat ze weer moeten bezuinigen en we hebben nog maar één dokter.'

Wel fijn was dat er een nieuwe trainer kwam. 'Het is even afwachten wie het wordt, maar ik heb wel zin in een frisse wind. Ik hoop dat hij er andere ideeën op na houdt.'

Met andere ideeën bedoelde hij dat er een trainer moest komen die hem op 'tien' of op 'zes' zou laten spelen. En nergens anders. Uit bij FC Groningen zette Edward Sturing hem op de verkeerde plek. 'Daar motiveer je mij niet echt mee.'

Hij somde op waaraan de nieuwe trainer moest voldoen.

1) Mij heel belangrijk maken

2) Hiërarchie

3) Duidelijkheid

'En zet daar als punt vier ook maar discipline bij, want ik hoop dat hij daar ook een beetje van houdt. Daar zit je raar van te kijken, hè? Iedereen zegt altijd maar "Theo houdt niet van discipline", maar daar hou ik juist wel van. Jaja, ik hou van discipline. Nu is het voor mij veel te gemakkelijk. Het maakt niet uit hoe slecht ik speel, ik sta toch wel in de basis. Ik voel mezelf echt niet beter dan de rest. Dat maken de kranten ervan. *De Gelderlander* heeft het tegenwoordig over "de regisseur". Dat ben ik dan. Nou, ik heb niet uitgevonden dat ik regisseur ben, hoor. O, jij vindt het raar dat ik net als de oudere jongens soms maar één keer per dag train? Ga ik daarover dan? Ik ben geen voetballer voor trainingen. En jij dan? Als jij een dagje niets doet, ga je dan naar de krullenbol [Henk Spaan, MvR] om te vragen of hij nog wat werk heeft liggen?'

Ik begon over Edward Sturing.

Theo: 'Moeten we daar nog woorden aan vuilmaken? Nou, hij heeft zeker zijn nut gehad.'

Theo bestelde een koffie voor mij en een Spa blauw voor zichzelf. 'Schrijf je dat ook even op: dat ik Spa blauw drink? Vind ik echt heel lekker. Mmm, lekker Spa blauw.'

Hij vroeg: 'Wat denk jij? Wat willen ze?'

'Ze hebben het de hele tijd over Co Adriaanse,' zei ik. 'Maar die zal wel niet willen.'

Theo: 'Type Co? Lijkt me leuk. Type Vergoossen? Goeie vent. En anders hebben we altijd onze assistent Pieter Huistra nog achter de hand. Type dat me niet bevalt? Nou, dan ga ik toch ergens anders aan het voetbal ruiken? Engeland of zo. Ik doe al aan paardrijden, dus dat is wel leuk.

Maar ik heb nog twee jaar een contract en de club vraagt een heleboel geld voor me. Dus als het moet, blijf ik. Ik ga nog steeds niet met tegenzin naar het werk. Ik zie het wel. Gelukkig zijn gaat boven alles. Ik ben net als de meeste mensen: lekker met het vrouwtje en een kleintje in een huisje zitten, vind ik prima.'

Dat hij uiteindelijk bij Ajax terecht zou komen kon hij toen niet weten. Ik vroeg hem hoe of hij op zijn Ajax-tijd terugkijkt.

'Was het bij Ajax gezellig?

Theo: 'Was het bij *Hard gras* gezellig? Gingen jullie vaak kaarten met elkaar? Maar goed, ik moet zeggen bij Ajax hadden we met Christian Eriksen, Daley Blind, Jan Vertonghen, Siem de Jong en Toby Alderweireld best een leuk groepje. We gingen ook wel op stap. Het was anders dan ik verwacht had. Ik dacht dat ik moest opletten omdat iedereen z'n babbeltje wel klaar zou hebben, maar het tegendeel was waar. Eigenlijk had alleen de trainer een grote mond. Ik was een van de weinigen die hem durfde tegen te spreken of de discussie aanging. Frank de Boer was de trainer. Hij is eigenlijk vooral geschikt voor jonge jongens. Je moest vooral naar hem luisteren en niet te veel de discussie aangaan. We hadden geen natuurlijke klik, maar we respecteerden elkaar wel. Alleen we begrepen elkaar niet. Ik was natuurlijk wel een beetje anders dan hij.'

Ester: 'Heb je dan over de mens of de trainer Frank de Boer?'

Theo: 'Weet ik veel, ik voelde me soms niet begrepen. Ik vind het fijn om iemand aan te spreken als me wat dwarszit, andersom had ik niet het idee dat hij dat fijn vond. Ik ben weleens naar Marc Overmars gegaan omdat hij had aangegeven dat hij me iets wilde vertellen over voetbal, maar daar moest ik de woorden echt uit trekken. Ik was gehaald als 'leider in de kleedkamer'. Nou, dan heb je mij van tevoren niet echt nagetrokken, want ik ben helemaal geen leidersfiguur. In het eerste seizoen speelde ik bijna alles, maar al snel begon ik me te ergeren.

Een mooi voorbeeld is de auto. Ik had via Ajax een auto geleaset. Echt zo'n hele lelijke Mercedes. In Arnhem scholden ze me er gewoon voor uit. "Heb je Theo weer in z'n taxi." Ik heb een hekel aan dat rondje, dat Mercedes-embleem dat standaard op die klep zit. Op een gegeven moment heb ik gezegd: "Luister, ik wil een andere auto. Deze is gewoon kut. Ik ben geen taxichauffeur." Bij dat autobedrijf zeiden ze meteen: "Dat kan niet." Hoezo kan niet? Ik zei dat ik er desnoods ook wel eentje wilde kopen. Ze moesten het overleggen met Ajax. Ik zei: "Nee, je begrijpt het niet. Ik wil een auto kopen. Ik zet mijn auto nu hier neer en koop een nieuwe. En doe er ook maar een voor het vrouwtje bij. Twee auto's dus." Hij met Ajax bellen. Het mocht niet. Ik heb mijn Mercedes voor z'n deur gezet, de sleuteltjes afgegeven en heb twee auto's gekocht bij Huiskes Kokkeler in Enschede. Een Audi A7 en een S5 voor het ex-vrouwtje. Weet je wat ze bij Ajax deden? Ik mocht voor straf het parkeerdek niet meer op. Daar mochten namelijk alleen maar Mercedessen staan. Hoe arrogant kun je zijn? Ik moest iedere dag bij de slagboom eerst even mijn gezichtje laten zien. "Wie ben jij?" "Theo Janssen." Typisch Ajax. Ze zijn gewoon een hele grote club, misschien wel de grootste club van Nederland, maar waarom moet je dat de hele tijd uitspreken? Dat vind ik jammer. Als mensen tegen Ajax waren, vonden ze dat raar. Ze snapten niet hoe dat kon.'

'De kampioenswedstrijd tussen Ajax en FC Twente in 2011, toen wist jij al dat je naar Ajax ging.

'Ja toen had ik er ook heel veel zin in. Echt niet normaal hoeveel sfeer er bij die wedstrijd hing. Ik had toen het gevoel dat ik weg moest. Er was een vaste tranfersom, Ajax wilde die betalen. Iedereen blij. Ik kreeg gewoon echt een heel goed salaris. Na anderhalf jaar heb ik doei tegen dat salaris gezegd omdat ik er wel klaar mee was. Toen ben ik teruggegaan naar Vitesse. Ik was ook helemaal klaar met dat autorijden.'

Wat is het verschil tussen Arnhem-Amsterdam en Arnhem-Enschede?

'Arnhem-Enschede, dan sta je gewoon altijd binnen een uur voor de deur. Arnhem-Amsterdam, dat was de A12, want de A2 waren ze aan het verbouwen. Ik was per dag 3,5 uur onderweg.'

'Moest je nog veranderen omdat je naar Ajax ging?

'Hoezo veranderen?'

'Nou, je rookte toen nog.

'Ze wisten precies wat ze kregen. Ik heb gezegd: "Ik rook een sigaretje, ik ben misschien niet ideaal in vorm zoals jullie dat graag zien, maar ik ga niet veranderen vanwege Ajax." Dat was ook duidelijk. Zijn ze ook nooit meer over begonnen. Tijdens de voorbereiding, in het vliegtuig naar Brazilië, zag ik Frank de Boer wel een beetje kijken toen we het achterin wat gezelliger maakten. Ik stond daar met Jos Kortekaas [fysiotherapeut, MvR] en wat stewardessen een biertje te drinken. Ze hebben me het roken niet onmogelijk gemaakt. Jonge spelers mochten het niet zien. Ik kreeg een eigen plekje, maar het was niet zo dat ze ergens een asbakje voor me neerzetten.'

'Wat vond je van de beroemde jeugdopleiding bij Ajax?

'Als ik die had meegemaakt was ik denk ik op mijn veertiende al gestopt met werken. Heel veel mensen weten dit niet, maar toen ik 24 was heb ik echt op het punt gestaan om te stoppen met voetballen. Ik was klaar met "Ja, je moet er zo van genieten, want het is het mooiste beroep van de wereld" en dat iedereen maar zei wat ik moest doen. Toen ik als klein kind ging voetballen, vond ik het leuk. Ik had plezier. Als ik geen zin had, ging ik niet. Als ik wel zin had, ging ik wel. En toen had ik altijd zin, omdat ik het zelf kon bepalen. En dan word je ouder en kom je bij een betaalde club en dan wordt er ineens gezegd: je moet dit, je moet dat, je moet zus en je mag zo niet.'

Ester: 'Je wordt geleefd.'

Theo: 'Daar had ik zoveel moeite mee. Op een gegeven moment dacht ik: ik moet er nu echt mee kappen. Ik heb daar helemaal geen zin in. Daarna heb ik het heus nog wel een beetje leuk gevonden, maar dan vooral de wedstrijden. Daar focuste ik op. De rest liet ik lekker gaan. Dat is altijd wel een dingetje geweest met mij. En dat was al zo voordat ik naar FC Twente ging.'

'Je hebt ook nog vijf keer in het Nederlands Elftal gespeeld. Hoe vond je dat?

'Ik heb het Nederlands Elftal, en dat is misschien ook mijn fout geweest, nooit als heel bijzonder gezien. Als het Nederlands Elftal speelt vind ik het wel leuk om te kijken, vanwege de hype eromheen. Het gezellig samenzijn en dan een biertje drinken vind ik geweldig, maar ik hoefde niet per se zelf in zo'n oranje shirt te spelen. Het klinkt misschien een beetje gek, maar ik had altijd zoiets van 'daar gaat mijn vrije weekend'.'

'Een beetje zoals ik ondertussen over dit boek denk.

'Je moest altijd van alles en als je dan een keer vier dagen vrij had, diende je je te melden bij het Nederlands Elftal. Dan dacht ik: godverdomme. Ik had er al van jongs af aan de schurft aan. Bij de jeugd ging ik vaak niet, als ze me opriepen. Dan zei ik dat ik een blessure had, maar ik had er gewoon geen zin in. Bij mijn eigen team ken ik iedereen en krijg ik er ook nog voor betaald, daar wil ik mijn ding wel doen, maar ik vind het ook leuk om daarnaast mijn eigen dingen te doen. Die hiërarchie ook. Toen ik erbij kwam, zaten Edgar Davids en Clarence Seedorf er nog, dat vond ik hele goede voetballers. Zeker Seedorf, dat vond ik echt een van de beste voetballers van Nederland. Tijdens een positiespelletje zei Davids opeens: "Wie ben jij dan? Wie ben je dan?" Ik had zoiets van "Wat is dit nou, joh? Wie ben je zelf?" Ik was gewoon lekker aan het voetballen en dacht: flikker maar op. Kwam hij na de training naar me toe en zei hij: "Je kan wel lekker voetballen, hoor." Toen dacht ik van: oké, een beetje testen, had ik zelf ook nog kunnen doen. Niet op die manier, maar ik kon er wel mee omgaan. Ik dacht dat heel Ajax zo was, maar toen ik daar kwam waren ze juist heel stil. Een beetje verlegen. Die arrogantie hadden ze helemaal niet. Het ging bij Ajax alleen maar over de splitsing Cruijff en Van Gaal. Je had een groepje dat was Van Gaal en een groepje voor Cruijff.'

'Wat was jij?

'Cruijff. Duidelijk Cruijff.'

Ester: 'Tuurlijk. Dat was wel een trainer geweest voor jou.'

Theo: 'De teammanager, David Endt, was ook heel duidelijk Cruijff, die is helaas ook ontslagen. Die had een eigen museumpje met allerlei rotzooi erin. Een schoen van Ibrahimović, een shirtje van Chivu... Hij zette daar ook een foto van mij in. Brazilië. We speelden daar een oefenwedstrijd in een of ander gigantisch stadion. Nergens mocht je roken. We gingen met een paar mensen een plekje zoeken. Toen we eindelijk een bankje hadden gevonden, zei hij dat ik mijn telefoon moest pakken en dat hij een foto ging maken. Nou, die foto. Dus ik zat daar, op dat bankje, sigaretje, het zonnetje scheen.'

'Hoe vond je Brazilië?

'Ik vond het wel mooi, maar niet geweldig. We hebben wat dingen gezien, wat rondleidingen gehad, wat wedstrijdjes gespeeld. Ik vind het altijd wel grappig om in een land te zijn waar ik nog nooit ben geweest.'

'Bij wie sliep je op de kamer?

'Ik sliep meestal alleen. Ik had natuurlijk een groot voordeel in de voetballerij, ik snurkte nogal. Degene die bij mij op de kamer moest, kon dan niet slapen. En anders ruftte ik ze wel weg. Belachelijk dat je met iemand op de kamer moest. Alleen bij het Nederlands Elftal had je een eigen kamer. Dat vond ik het enige positieve aan het Nederlands Elftal.

Een van de eerste keren dat ik naar het Nederlands Elftal moest, heb ik me laten brengen door Binnie Klaver, die oud-materiaalman van Vitesse die daarna taxichauffeur is geworden. Leverde hij me af met een busje terwijl de rest allemaal in van die dure auto's kwam.'

'Zie je hem nog weleens?

'Nog steeds als ik een taxi nodig heb, bel ik Binnie.'

'Hij is op dezelfde dag geboren als ik.

'O, vandaar.'

Ester: 'Daar heeft een kip op een kwade dag een paar hele lelijke eieren gelegd.'

Theo: 'Eihoofden.'

'Ik vind het jammer dat dat soort mensen, ook al was hij zo asociaal, is verdwenen bij Vitesse.

'Ik heb mooie herinneringen. De Slenk op Papendal, zondagochtend een wedstrijdje spelen. En dan stonden Binnie en Willem van Reem uitsmijters te bakken. Dan zat je die om negen uur 's morgens op te vreten, zo vet als wat. Zoveel kaas, zoveel mayonaise. En dan na de wedstrijd meteen vragen of ze er voor jou ook nog een paar frikandelletjes in moesten gooien. Dat was Vitesse.'

Ik herinnerde me het eten van Tante Sjaan die jarenlang de kantine op De Slenk bestierde.

'Hij schepte twee keer op,' zei tante Sjaan over Theo Bos toen die in 2009 hoofdtrainer was. 'Daar heb ik dan toch voldoening van. Hij geeft mensen de ruimte. Mijn werk is veel creatiever geworden.'

Onder Aad de Mos was ze afgestompt.

'Iedere dag pasta. Altijd pasta.'

Pasta was niet haar sterkste kant.

Steeds een andere saus verzinnen, was een probleem.

'Dan hadden ze gedoucht en dan vroegen ze: "Wat eten we, tante Sjaan?" En dan moest ik weer zeggen: "Pasta." Moeilijke tijd.'

Ze had de spelersgroep per ongeluk vergiftigd.

De blikjes ragout, die ze in de aanbieding had gekocht, waren over de datum.

'Vorige week heb ik knakworst gemaakt,' zei tante Sjaan. 'Daar waren ze erg over te spreken.'

Er kwam een jeugdspeler binnen.

Hij ging in een stoel liggen en pakte *De Gelderlander*.

Tante Sjaan: 'Weet je nog, vorige week? Knakworst.'

'Wat?'

Tante Sjaan: 'Knakworst. Lekker, toch?'

'Die heb ik dan gemist, tante Sjaan.'

Het was half mei, maar tante Sjaan verheugde zich al op de feestdagen in december. Dan kwam Yu Hai op bezoek. Ze had de oud-eerste-elftalspeler een tijd in huis gehad.

In het begin vond ze dat moeilijk. Ze had kookboeken gekocht, waarin stond hoe je nasi en bami moest maken, want dat vinden Chinezen lekker. 'Je kunt een Chinees alles voorzetten, maar geef 'm nasi of bami en hij gaat glunderen. Ik heb 'm echt vertroeteld. Ik gaf hem een fiets. "Voortaan lekker fietsen, Yu Hai," zei ik. Heerlijk jong.'

Het was jammer dat ze hem hadden weggestuurd.

De vijver in de achtertuin was lek.

'Dat was een mooi klusje voor Yu Hai geweest. Nu heb ik zelf het gat opgespoord. Met een loep.'

Zowel tante Sjaan als Willem van Reem was inmiddels overleden.

Theo: 'Ik vond Willem een mooi figuur. Een vriendelijke reus.'

Ester: 'Dat maakte Vitesse uniek. Stond er voor de deur van de persruimte een beveiliger met een brommerhelm onder de arm – dat had geen enkele club. Hij weigerde ooit Johan Derksen, omdat die geen perskaart bij zich had. Die heeft daar toen een column over geschreven. Hij was daar erg door ontdaan.'

Theo: 'Vitesse was toen gewoon een mooie club. Ik heb in het begin ook overal getraind, maar we werden toen wel tweede.'

'Derde.

Ester: 'Op doelsaldo derde. Dat werd de ondergang van Karel Aalbers, anders hadden we Champions League gespeeld.'

Er ontspon zich een discussie over de VAR. Theo was tegen omdat het de charme van het voetbal aantast. Daarna hadden we het voor het laatst over de titel van dit boek.

'Ik vind *Johan Derksen: klootviool* toch geen goede titel,' zei hij. 'Jij toch ook niet? Wil jij echt alleen maar *De Dikke Prins*? We kunnen toch een compromis doen. Allebei wat wijn bij het water en dan schudden?'

'Theo Janssen. Marcel van Roosmalen op pad met De Dikke Prins?' vroeg ik.

Theo: 'Dikke Prins met kleine letters?'

Ik: 'Kleinere letters?'

We gaven elkaar een hand.

Ik werd afgezet voor het huis van mijn moeder in Velp.

Theo: 'Welterusten.'

Ester: 'Hij gaat eerst nog alles wat hij heeft opgenomen uitwerken, als het klaar is lig jij al lang te ruften.'

Theo: 'Oké, niet welterusten dan. Tot de volgende keer.'

Ik: 'Ja, tot de volgende keer.'

Dikke Prins-bier

Een week later sprak ik Theo weer. Hij was verontwaardigd omdat Ester in haar enthousiasme en hang om alles extra feestelijk te omlijsten voor de boekpresentatie alvast bij een brouwerij vijfhonderd liter Dikke Prins-bier had geregeld. Hij had haar dit ook laten weten. Daarna belde Ester mij dat ze even geen zin meer in het boekproject had omdat al haar voortvarendheid toch maar verkeerd werd geïnterpreteerd. Ik zei haar dat ook ik niet enthousiast was.

'Zijn we eindelijk uitgeluld over die titel, begint het opnieuw.

Ester: 'Nou heb ik het zeker verkut? Theo gaf me ook al de volle laag. Schijnbaar zit niemand op mijn enthousiasme te wachten.'

Daarna kondigde ze qua bemoeienis even een pauze aan.

'Ik ga die brouwerij afbellen. Lekker dan.'

Ik zei tegen Theo – hij zat wijdbeens tegenover me aan een terrastafeltje van Caspar, een café dat hem inmiddels ook de neus uitkwam – dat we Ester nodig hadden omdat het anders niet zou lukken om met elkaar af te spreken.

Theo, de verontwaardiging was inmiddels gezakt: 'Ja, ze heeft absoluut ook waarde... Ik communiceer het liefst met WhatsApp, meestal heb ik geen zin om te lullen. Dan wordt afspraken maken moeilijk. Ik vind het niet erg dat Ester pusht, dat ben ik ook van haar gewend, ze kan alleen heel dominant zijn in haar enthousiasme. Ze wilde ook dat Gerrit T-shirts gaat maken met De Dikke Prins erop...'

Gerrit is de eigenaar van de Arnhemse T-shirtdesignwinkel Okimono, hij ontwierp in het verleden met goedvinden van Theo een paar cult-T-shirts rondom het thema 'Theo'.

'Ik snap wel dat Ester die man ook wat gunt, maar ik heb helemaal geen zin om een Dikke Prins-T-shirt-Dikke Prins-bier te drinken omdat mijn boek *De Dikke Prins* gaat heten. Snap je dat? Ik ben geen Dikke Prins, mijn boek heet *Theo Janssen. Op pad met De Dikke Prins*. Ze zei: "Theo, ik heb een paar fantastische ideeën." En dan komt ze met allemaal Dikke Prins-shit. Ik ben dus akkoord met de titel, maar nu voel ik me een clowntje. Het ligt er allemaal te dik bovenop. Ik zit niet te wachten op Dikke Prins als nieuwe bijnaam.'

Ik zei dat we Ester nodig hadden om dit boek af te maken, omdat we zonder haar, om wat voor reden dan ook, niet kunnen communiceren.

'Ze is een goede pusher,' zei Theo. Daarna sloeg de stemming om. Hij had er weer zin in. 'We gaan dit gewoon rocken.'

'We moeten elkaar in korte tijd best vaak zien.

'Ik heb tegen Ester gezegd: "De ene week heb ik mijn dochter, de andere week heb ik hem."'

'Op vrijdagochtend.

'Ja, ik heb natuurlijk ook nog mijn team. En de trainerscursus.'

Ik vroeg hoe hem dat beviel.

'Ik ben gisteren weer geweest. Het is met onder anderen Ulrich van Gobbel, Tim Cornelisse, Theo Lucius, Sander Keller... Echt een leuke klas. De docent is Bart Logchies, die werkt bij Swift dat vorig jaar Vitesse uitschakelde voor de beker. Dus daar kan ik nog wat van leren, haha. En verder komen er ook nog mensen van verschillende clubs een praatje houden. Ik heb geleerd: de leuke jongens zoek je automatisch op, maar zoek nou ook eens contact met jongens met wie je wat minder hebt. Dat vond ik nuttig. Ik maak nu veel vaker praatjes. Kijk, dat zijn tips waar je wat aan hebt.'

'Met wie klik jij niet?

'Met mensen die heel erg aanwezig zijn. Daar loop ik meestal voor weg.'

'Terwijl Jorgos, een van je beste vrienden, toch heel erg aanwezig is.

'Klopt, maar Jorgos is anders als je alleen met hem bent.

Dan is hij juist heel rustig. Ik kan ook tegen Jorgos zeggen: "Jorgos, muil houden! Vandaag even niet." Nou, dan houdt hij zijn muil en dan is het ook goed.'

'Wat heb je verder deze week gedaan?

'Genoeg. Maandagmiddag trainen, dinsdagmiddag trainen, woensdag de hele dag cursus gehad. En met de hele dag bedoel ik de hele dag. Die begon om half negen 's morgens en 's avonds om half zeven zat ik er nog. We moesten toetsen maken, we hebben het gehad over teamontwikkeling, over wedstrijdanalyses – over hoe je een tegenstander het beste kunt bekijken. We hebben gesproken over groepsprocessen. Een superlange dag met alleen maar informatie, eigenlijk.'

'Kijk jij veel voetbal?

'Je bedoelt voor de lol? Nou, het ding staat vaak aan, ja. Maar soms heb ik het na dertig minuutjes wel gezien. Er moet voor mij wel wat spanning in zitten. Dus PSV heb ik na een halfuurtje uitgedrukt; heb ik 'm op Netflix gezet. Nieuws kijk ik op de telefoon. Ik heb de meldingen van het *AD* aanstaan, dus ik ben snel op de hoogte. En ik zap af en toe naar *TV Gelderland*, dan weet ik het ook als er in Arnhem een ramp gebeurt. Ik maak me nooit druk om het nieuws. Je kunt er geen invloed op uitoefenen, ik kan er weinig mee. Ik ben voor vrijheid van meningsuiting. Ik vind dat iedereen domme dingen mag zeggen, maar er zijn ondertussen wel veel mensen die domme dingen zeggen.'

'Heb jij ook een hekel aan mensen die overal een mening over hebben?

'Heb je zelf ook, hè? Ik heb ook een mening over alles, maar ik verkondig die niet altijd. Laten we jou even als voorbeeld nemen. Als jij een dom stukje hebt geschreven en ik lees het en vind het dom, dan stop ik met lezen. Simpel. Dan heb ik er verder ook geen last van. En als jij een uitspraak doet, bijvoorbeeld op televisie, dan kijk ik gewoon niet.'

Theo maakte zich een beetje zorgen over de fotograaf die ik had gevraagd om een foto voor de cover te maken. Ik zei dat Martijn van de Griendt een goede vriend van me is.

'Dat stelt me niet echt gerust, wat is dat voor gast? In Arnhem heb je ook wel fotografen die je neer kunnen zetten. Ik heb het liefst zwart-wit.'

'Het is wel in kleur.

Ik liet hem op mijn telefoon foto's van Martijn zien.

Die vielen mee.

We hadden het over een ander plan van Ester: we zouden een paar dagen met Jorgos en Belletti naar Texel gaan. Ik vroeg wat zijn band was met Belletti.

'Gewoon, hij kwam weleens bij Jorgos. En ik was daar ook altijd. Hij is een gouwe gozer. Ik heb bij zijn zus in de klas gezeten. Hij is net weer vrij. Tenminste, hij zegt op Instagram dat hij eruit is.'

'Waaruit?

'Uit de gevangenis, dat moet je hem maar vragen. Hij is wel een paar kilo afgevallen.'

Theo keek op zijn telefoon, hij wist niet wanneer hij het allemaal moest inplannen.

'En dan moeten we ook nog naar Genk.

Ik vertelde dat ik sinds een jaar in Wormer woon en dat de uitbater van de enige koffietent daar een enorme fan van hem is.

'Hij had als tiener altijd hetzelfde kapsel als jij.

'Welke coupe was dat dan?'

'Ja, weet ik veel. Ik heb geen foto's gezien. Hij groeide gewoon met jou mee.

'Dan heeft hij ook heel slechte fases gehad.'

'Nog steeds, volgens mij.

'Jij kan het zeggen, het is jouw café. Ik hoef er nooit te komen. Tenminste, ik ga nooit naar Worm als je dat soms denkt.'

'AZ-gebied.

'Dat bedoel ik.'

'Heb jij nog foto's van vroeger?

'Nee, die heeft mijn moeder. Daar kunnen we wel een keer langs, kijken of we nog wat uit die albums kunnen scheuren. En anders doen we er een foto van mijn ex in. Zo van: kijk, dit is z'n ex.'

'Die wilde er toch niet in?

'Dat was een grapje. Soms zeg ik grappige dingen.'

Theo's dochter ging sinds kort naar dezelfde middelbare school als waar ik op heb gezeten. Ik vroeg of ik zijn dochter wel bij haar naam mocht noemen.

'Ja, hèhè. Gewoon het beestje bij de naam noemen.'

Later kwam hij daarop terug. Hij had met de ex afgesproken – 'Nou ja, zei heeft het gezegd, ik heb geluisterd' – dat hun dochter, ondanks het feit dat iedereen weet hoe ze heet en hij haar op Instagram gewoon bij naam noemt – niet met haar naam in het boek mag.

'Zij heet "de dochter". "De dochter van Theo Janssen en zijn ex".'

Ik vroeg of zij last had van zijn bekendheid.

'Nee, het is eerder een schild. Mensen zullen niet snel iets tegen haar doen omdat ik de vader ben. Hé, die school is toch goed, of niet? Thomas a Kempis College.' Hij sprak de naam uit met een bekakte stem. 'Het is een heel goede school. Tenminste, zo komt het op mij over. Zij is ook heel goed op school. Dat heeft ze dan van haar moeder.'

Ik zei dat ik me vooral herinnerde dat er op het Thomas nogal fanatiek carnaval werd gevierd: *'De carnavalsvereniging heet De Tomaat; we moesten ieder jaar als tomaten door de stad lopen.*

'O, ik zal het doorgeven. Ik houd niet van carnaval. Haar moeder wel, dat is een echt carnavalsdier.'

Ik informeerde naar zijn zoon met wie hij sinds kort weer contact had.

'Er zijn vroeger veel dingen gebeurd. Ik was vooral heel erg jong toen ik hem kreeg, twintig of zo. Die moeder en ik – dat is nooit echt goed gegaan. Door omstandigheden hebben we elkaar weinig kunnen zien. Een jaar geleden werd er op de Rijnbrug iemand beschoten die net als ik Theo Janssen heet. Op internet stond: "Theo Janssen beschoten." Toen heeft hij mij via Instagram een berichtje gestuurd: "Alles goed?" Daar heb ik op gereageerd en toen zijn we weer met elkaar in gesprek gekomen. Hij is op bezoek geweest. Ik ben ook daar geweest en heb een gesprek gehad met zijn moeder en stiefvader, die hem hebben grootgebracht. Ik heb gezegd: "Ik ben er nu, als hij mij nodig heeft dan ben ik er. Ik ben niet de belangrijkste man in zijn leven, jullie hebben hem geholpen en grootgebracht dus ik wil niemands plaats innemen."

Ik moet zeggen dat het contact nu prima is en daar ben ik blij mee want ik heb daar altijd mee gezeten. Ik ben niet iemand die openlijk over dat soort dingen praat. Ik houd dat een beetje voor mezelf. Eigenlijk wisten alleen mijn vader en moeder dat ik ermee zat.'

Hij zei dat het hem weinig deed wat mensen achter zijn rug om over hem zeggen.

'Er zijn er een heleboel die me een lul vinden. Nou en? Dan zeggen ze dat maar en ook dat ik wat kilootjes ben aangekomen. Ik heb er geen moeite mee.'

We hadden het erover wat voor activiteiten we nog

meer konden doen voor het boek. Theo had weinig zin om naar FC Den Bosch te rijden, de club waar Ester aan de slag zou gaan als adviseur.

'Zitten we daar. En dan? Heeft ze al getekend? Nee? Waarom niet? Eigenwijze drol, zit ze zeker weer te piekeren. Ze moet gewoon een goede oprotbonus in d'r contract laten opnemen. Die taxichauffeur van Merab Jordania heeft er nu ook een functie. Lachen, maar met voetbal heeft het natuurlijk niets te maken.'

Bij nader inzien had hij ook geen zin in Texel.

'Volgens mij gaat Jorgos ook niet.'

Ineens ging het gesprek over leven en dood en ziektes en dat er zoveel mensen bij Vitesse kanker krijgen: Theo Bos, Willem van Reem, voormalig fysiotherapeut en verzorger Rob Lagé....

'Het is verschrikkelijk als je ziek wordt, laten we dat vooropstellen. Zullen we maar stoppen met dit boekje? Serieus, misschien is het wel een vloek. Over wie hebben we het allemaal gehad? Ester komt erin voor, en Jorgos... We moeten maar vast gaan bellen, denk ik.'

'Misschien ben ik het wel.

'Jij overleeft het allemaal gewoon. Jij maakt ons kapot. Eerst de club, daarna de mensen.'

Ik begon over Theo Bos, de veel te vroeg overleden Vitesse-legende en de rol die Theo speelde rondom diens overlijden.

'Ik had het gevoel dat je toen voor het eerst echt een boegbeeld van de club was.'

Theo: "Daar heb je alles al over opgeschreven, toch? In een ander boek. Moet je daar maar een stukje uit halen, ik ga mezelf niet de hele tijd herhalen.'

Eigenaar Merab Jordania had Ester Bal meteen carte blanche gegeven voor de herdenking van Theo Bos, maar de dagelijkse leiding van de club deed moeilijk. Trainer Fred Rutten was bang dat het gras in GelreDome zou lijden onder een herdenkingsdienst.
'Ik heb gezegd: "We leggen Theo niet op beton",' zei Ester.
Algemeen directeur Erwin Kasakowski zei dat het naar binnen rollen van de grasmat te veel geld kostte en Ted van Leeuwen vond dat de term 'Mister Vitesse' terughoudend moest worden gecommuniceerd, omdat de club in het verleden Charly Bosveld al tot 'Vitessenaar van de Eeuw' had gebombardeerd. Peter Gansler ten slotte vond het te ver gaan om het rugnummer 4 voor altijd aan Theo Bos te koppelen. Tot het einde van het seizoen was volgens hem mooi genoeg.
'Weet je wat ik daaraan heb?' vroeg Ester op uitdagende toon. 'Schijt!'
Ze had 'het egoïstische gelul' tijdens het ochtendoverleg een tijdje aangehoord, had haar papieren tegen de borst geklemd en had met de woorden 'Everything for Theo' – de voertaal tijdens vergaderingen was tegenwoordig

Engels – de vergaderzaal verlaten. Ze had de deur met een knal achter zich dichtgeslagen.
Van de rest van de club kreeg ze 'een goed gevoel': 'Iedereen die hem gekend heeft, is aangeslagen en wil alles doen om te helpen.'
Theo Janssen had onverwachts voor haar bureau gestaan. Het kon hem niet schelen wat hij moest doen, zei hij. Ze waren in elkaars armen gevallen en hadden gehuild. Theo zat stuk, omdat hij de volgende ochtend bij Theo Bos op bezoek zou gaan. Hij had er maanden mee geworsteld en juist op het moment dat hij de knoop had doorgehakt, was het te laat.
'The story of his life.'
Ester stuurde hem die dag van cameraploeg naar cameraploeg.
'Het lijkt wel of Theo in één dag volwassen is geworden,' zei ze. 'Hij verwoordde ons gevoel heel goed. Hij stelde zich echt op als een boegbeeld van Vitesse. Als Theo kon meekijken, was hij trots geweest op Theo Janssen.'

Theo Janssen kwam de persruimte binnen. Ongeschoren, de blouse van het clubkostuum opengeknoopt. Hij was geïnterviewd door Kees Jansma van Eredivisie Live en was daarvoor Marieke Bos-Langenberg, en dochter Tess en zoon Luuk uit Theo's eerste huwelijk, tegen het lijf gelopen. Tegen Kees Jansma had hij gezegd: 'Weinig mensen buiten Arnhem weten hoe groot Theo Bos hier is.'

Marieke had hij 'een dikke knuffel' gegeven.
'Wat moet je zeggen?' vroeg hij aan mij. 'Je doet maar wat, puur op gevoel.'
De journalisten aan de bar staarden naar hem. Alleen Iwan van Duren van Voetbal International durfde hem te condoleren.
'Ik ben de ochtend na zijn overlijden meteen naar de kantoren in GelreDome gegaan,' zei Theo. 'Ik wilde Ester helpen, dat is wel het minste wat ik voor Theo kan doen. Ik ken deze club door en door en weet precies wie er oprecht is met zijn verdriet en wie er een toneelstukje speelt. Die laatste groep moet haar niet tegenwerken. Wij gaan ervoor zorgen dat Theo Bos het afscheid krijgt dat hij verdient. Kijk anders even in het stadion, er hangt daar een stemming die ik nog nooit gevoeld heb. De mensen zijn er kapot van.'
Zelf kon hij die avond niet spelen. Hij was geschorst, maar had zijn medespelers op geheel eigen wijze duidelijk gemaakt dat er gewonnen moest worden.
'De meesten kenden Theo natuurlijk, en de paar die hem niet kenden heb ik in een paar woorden even uitgelegd hoe groot Theo was. Die boodschap is overgekomen.'
Ester zei dat Fred Rutten bang was dat het gras tijdens de herdenkingsdienst zou worden beschadigd.
'Jammer dan,' zei Theo. 'Gewoon naar binnen schuiven.'
Ik vroeg of hij ging spreken tijdens de herdenkingsdienst.

Hij wist het nog niet. 'Ik wil me niet opdringen, ik vind het moeilijk om me heel nadrukkelijk als vriend van Theo te manifesteren. Hij heeft gewoon heel veel voor me betekend.'

Hij was net als ik gebeld door het tijdschrift *Zwart op Geel* van de supportersverening. Ze maakten een themanummer over Goeram Kasjia, de Georgische Vitesseverdediger die naar de VS is vertrokken.

'Ze vonden hem een clubicoon. Nou, ik vind Nikos Machlas eerder een icoon, die is Europees topscoorder geworden. John van den Brom, dat is een icoon. Maar Kasjia vond ik gewoon een goeie speler die hier lang heeft gespeeld. Ze vroegen me: "Kasjia is toch Arnhem?" Nou volgens mij niet. Hij is wel belangrijk geweest voor Vitesse, maar als hij Arnhemmer was geweest, had hij in ieder geval Nederlands gesproken. "O," zei die verslaggever, "dat soort dingen kunnen wij niet zeggen, maar jij wel." Hoezo zou je dat niet kunnen zeggen? Hij is toch geen heilige? Kasjia heeft een prima mentaliteit, hij had een goede band met het publiek maar hij was geen... Noem er nog eens een...'

'Čurović?

'Precies, geen Čurović. Ik vind wel dat Kasjia een mooie tatoeage van Arnhem heeft laten zetten.'

'Wat staat er eigenlijk in jouw nek? Ik kan het niet lezen.

''Stars can shine without darkness.' Ik zag het gewoon ergens staan en het raakte me toen. Ik zat misschien in een fase dat ik wat meer nadacht. Ineens wilde ik het. Ik heb de stelregel dat als ik iets drie dagen wil, dat ik het dan doe. Dus ik dacht: tief op, ik wil die tekst. En dan geschreven door mijn dochter. Heb ik haar een velletje gegeven en toen heeft mijn vaste tatoeëerder dat zo goed en zo kwaad als het ging gekopieerd. Die tatoeëerder is vorig jaar trouwens ook overleden. Ook al alvleesklierkanker. Ze zeggen weleens: "Dat hoor je niet zo vaak." "Nou," zeg ik dan terug, "ik hoor het om de haverklap." Als er een verband is met voedsel krijg ik het ook.'

Hij probeerde uit te leggen hoe hij in elkaar steekt.

'Ik denk heel vaak: leuk, dit ga ik doen. Daarom zeg ik ook heel vaak: "Leuk idee!" Een dag later vind ik er dan geen kloot meer aan en dan doe ik het toch niet. Dan stel ik mensen teleur want dan zeg ik opeens: "Flikker op, zeg, ik ga dit helemaal niet doen."'

'Maar over dit boek heb je wel drie dagen nagedacht?

'Ja-haa.'

Ik vertelde hem over boekhandel Hijman Ongerijmd en dat ze daar heel enthousiast waren over ons nog te schrijven boek.

'Moeten ze straks een foto in de etalage zetten. Of misschien wel een standbeeld. Niet met een stijve lul, zoals Jorgos, want zo'n boek wordt het niet.'

Hij refereerde aan de keer dat we samen boeken signeerden in de inmiddels failliete boekhandel Polare.

Ester Bal en Theo Janssen zaten op een bankje voor boekhandel Polare in Arnhem.

'Hè hè,' zei Ester, toen ik eraan kwam, 'we zitten er al tien minuten.'

Theo: 'Boete!'

Hij liet zijn sigaret zien.

'Ik dacht: ik rook er een, het werden er twee.'

'Het begint pas over een kwartier, toch?' zei ik. 'Ik dacht dat ik de eerste zou zijn.'

'Theo is altijd op tijd,' zei Ester.

Theo knikte en vroeg hoelang 'de onzin' ongeveer duurde.

'Een uur, of zo,' zei ik.

'Echt niet,' zei Theo. 'Als de mensen op zijn, ben ik weg.'

We liepen de boekhandel binnen. In de hal stond een tafeltje waarop een schaal met koekjes stond. Er hing een papier: 'Theo Janssen en Marcel van Roosmalen signeren het boek over Theo Bos.'

Er stond al een rij van ongeveer veertig mensen, de meesten duidelijk herkenbaar als Vitesse-supporter.

De mevrouw van de boekhandel, een lieverd met krulhaar, kwam naar ons toe en vroeg of we iets wilden drinken. Ze ging ons voor door de winkel.

'Ga ik niet te snel?' vroeg ze aan Theo, die vanwege zijn blessure op krukken liep.

'Eerder te langzaam,' zei Theo, die zich hardop afvroeg waarom de boekhandel zo groot was.

'Dit is de ramsjafdeling,' zei de mevrouw van de boekhandel toen we op de tweede verdieping waren.

'Boeken die niemand wil hebben dus,' zei Theo.

'Goedkoop geprijsde boeken,' verbeterde de mevrouw van de boekwinkel.

Theo tegen mij: 'Dus hier doe je het allemaal voor?'

We keken naar de mensen beneden.

Theo: 'Ik voel me een beetje 'Dopey'.'

Ester Bal informeerde naar 'de ranglijst': 'Hoe hoog staat het boek over Theo Bos?'

Het antwoord – 22ste – viel haar tegen, maar de mevrouw van de boekhandel verzekerde ons dat dat goed was.

Theo: 'Dat ze vragen: "Hoeveelste staan we?" En dat je dan "22ste" zegt, en dat je dan blij bent.'

De mevrouw van de boekhandel: 'We ondervinden helaas veel concurrentie van het internet.'

Theo: 'En van de televisie.'

Ester beloofde meteen beterschap. 'Ik haal alles bij bol.com, stelletje viezeriken zijn dat. Ik ben meer geld kwijt aan boetes dan aan boeken. Meteen een incassobureau erop zetten, bah. Ik heb me voorgenomen om de kleine winkeliers te ondersteunen.'

De mevrouw van de boekhandel: 'Nou, we zijn best een grote winkel.'

Ester: 'Ik bedoel: ik ga vaker hier boodschappen doen.'

De mevrouw van de boekwinkel: 'Die kunnen we dan alvast in onze broekzak steken.'

Theo: 'Je draagt een jurk.'

We zaten in de personeelsruimte boven, roerden in onze koffie en hadden het over Theo's knie. De operatie was goed verlopen.

'Kijk, Theo,' zei Ester, 'nóg een op krukken...'

Een medewerker van de boekhandel sleepte zich naar de kapstok, waar hij zijn jas ophing.

Theo: 'Nou, met mij gaat het beter dan met hem. Als we straks naar beneden gaan, ga ik ook zo met mijn been slepen. Anders denken ze dat ik weer genezen ben.'

'Was je hier al eens eerder geweest?' vroeg ik.

Theo: 'Nee, natuurlijk niet.'

Hij haalde een kaart en een envelop uit zijn binnenzak.

'Gefeliciteerd,' schreef hij op de kaart en hij stopte hem met een briefje van vijftig euro in de envelop.

'Doe effe normaal,' zei Ester.

'Wat dan?' vroeg Theo.

Ester: 'Je gaat naar een kinderfeestje straks, ik vind vijftig euro echt te veel.'

Theo: 'Dat kind niet.'

Ester: 'Van dat geld moeten de mensen op kantoor een week eten.'

Theo, lachend: 'Dan moeten ze iets anders gaan doen. O nee, dat kunnen ze niet.'

Ester: 'Weet jij al wat je na je carrière gaat doen? Je stopt toch?'

'Stop je?

Theo: 'Zoals ik me nu voel, heb ik weinig zin meer. Het is te veel werk geworden. Vroeger voetbalde ik voor de lol. Nu ga ik naar mijn collega's. Ik wil nog even terugkomen, belangrijk zijn en dan is het mooi geweest.'

Ester: 'En dan?'

Theo: 'Scout? Ze willen me behouden, toch? Binnenkort eerste gesprekje.'

Ester: 'En wat denk je te verdienen?'

Theo: 'Ik ga in ieder geval niet werken voor wat jij verdient.'

Tegen mij: 'Ik denk dat ik zelf maar een boek ga schrijven. Al die journalistjes willen een boek over mij maken, nou mooi niet. Kan ik zelf ook wel.'

We moesten naar beneden. Theo sleepte, zoals aangekondigd, extra met zijn been.

Een voor een kwamen de Vitesse-supporters met hun boek bij ons. Ze haalden herinneringen op aan Theo Bos en complimenteerden Theo Janssen met zijn voorwoord.

Theo: 'Hij heeft het boek geschreven, hoor.'

Een man: 'Ik heb alleen dat stuk van jou gelezen, Theet. En de foto's gekeken, natuurlijk. Schitterend.'

Er stond ook een vroegere collega van mijn vader tussen, die zei dat hij weleens met mij en mijn vader naar Vitesse was gaan kijken. Ik kon me er niets van herinneren.

En er was er ook een die het hele boek had gekopieerd.

'Mooi tien euro zelf in de zak gestoken!'

Theo moest de hele tijd opstaan om te poseren voor mobiele telefoons. Hij deed het zonder morren. De meeste supporters liepen nadat ze hun boek door Theo en mij hadden laten signeren ook nog even naar Ester Bal, die een eindje verderop een banaan at.

'Hoeveel hebben we er nu afgewerkt?' vroeg Theo na twintig minuten.

'Vijftig of zo.

Theo: 'Pauze? Peukje?'

'Is goed.

Theo: 'Is goed, zegt-ie.'

Buiten rookten we een sigaret, en daarna nog een.

Er kwam een man naar ons toe met zijn mobiele telefoon al in de aanslag.

'Theo, zou jij even...'

'Eerst een boek kopen,' zei Theo. 'En dan in de rij.'

Tegen mij: 'Goed voor de omzet ben ik, hè?'

Daarna signeerden we nog twintig minuten. Een vriend van Theo kwam hem halen om samen naar dat verjaarspartijtje te gaan. De mevrouw van de boekhandel gaf hem een bos bloemen, hij mocht ook een boek uitzoeken.

'Heb je ook andere boeken van hem?' vroeg hij.

Ze kwam terug met mijn bundel *Het is nooit leuk als je tegen een boom rijdt*, waarop ik met een foto op het omslag stond.

'Goede foto,' zei Theo. 'Verstandig dat je een zonnebril op hebt.'

Hij pakte het boek en vroeg: 'Hoeveel verdien je hier nu aan?'

'Anderhalve euro,' zei ik.

Het verbaasde hem.

'Slecht geregeld. Je hebt een zaakwaarnemer nodig. Rob Janssen is een goede.'

Ik bedankte voor de tip en ook voor het signeren.

Hij sloeg me op de schouder. 'Loop mee naar buiten. Er is niemand meer en ik ga nu weg, dus er komt ook niemand meer.'

Buiten zagen we pas dat Ester Bal een tas met boeken had gekocht.

Theo: 'Ga jij nou ook lezen?'

Ester: 'Ik vond het gewoon zielig voor de boekhandel.'

'Hier,' zei Theo en hij gaf haar de bos bloemen die hij had gekregen, 'voor op je leestafel. Kun je in een vaas zetten.'

Ik zei dat Hijman Ongerijmd een andere boekhandel is dan Polare.

'Zeker een heel klein winkeltje? Ik ben daar nog nooit geweest.'

'Ze willen uitspraken van jou uit het boek op posters laten drukken en die in de stad ophangen.

'Moeten ze lekker doen. Het laatste boek dat ik heb gelezen is dat over die wielrenner, Thomas Dekker. Ik ben op de eerste bladzijdes, maar het begint gelijk al met masturberen. Dus ik denk niet dat ik dat ga uitlezen. Neem het als je een keer langskomt maar mee. Ik lees alleen maar boeken die echt gebeurd zijn. Op fantasieverhaaltjes zit niemand te wachten. Dan kijk ik liever een film, want echt goede boeken worden verfilmd, toch?'

'Dit boek wordt ook verfilmd.

'En dan mag Ester zichzelf spelen, ik gun haar een mooie filmrol. Waarom maak jij op de socials trouwens nog geen reclame voor ons?'

'Omdat er nog geen boek is.

'Maakt mij geen reet uit, maar mijn social media-adviseur begon erover.'

'Robbie Jansen, geen familie.

'Ja, die... goeie jongen. Maar jij zegt: "Ik doe geen reet tot het er is?"'

'Eigenlijk wel.

'Nou, dan zou ik maar eens gaan typen.'

MAMS Coffee

Theo wilde niet meer afspreken op het terras van Caspar. We zaten nu in een hipsterzaak: MAMS Coffee.

Theo: 'Ken je dit?'

'*Weleens geweest.*

'Ik vind dit zo relaxed.'

Ester: 'Wat vind je er zo relaxed aan dan?'

'Gewoon, de mensen. Hier komen standaard Arnhemse mensen, die gewoon rustig dingetjes doen en...'

Ester: 'Ze komen hier niet eens aan tafel om te helpen.'

'Je moet alles zelf bestellen.'

Ester: 'Sorry hoor, maar dat is toch geen verbetering? Gewoon een ouwewijvenzaak. Of drink jij tegenwoordig groene thee?'

Een meisje van de bediening kwam aan Theo vragen of hij Theo Janssen is.

'Ja, natuurlijk ben ik dat! Wil je met mij op de foto? Hoe heet je? Hé, zo heet mijn dochter ook!'

Tegen Ester en mij: 'Leuke zaak dit.'

Toen hij weer ging zitten, vroeg ik of hij al wist wanneer hij met ons naar Genk kon. Hij had geen idee. 'Weet ik echt niet. Heeft het haast dan?'

Ester: 'Jij bent niet de enige met een leven, hè? Ik ga binnenkort aan de slag in Den Bosch, bijvoorbeeld.'

'Dat ligt toch juist dichter bij België?'

Ester, geïrriteerd: 'Volgens mij scoor ik geen punten als ik in mijn proeftijd onder werktijd even naar België ga om met Theo Janssen herinneringen op te halen aan zijn tijd bij KRC Genk.'

Het uitstapje naar Texel was helemaal van de baan.

Theo: 'Mooi zo, ik had helemaal geen zin om op een boot zitten.'

Ester: 'Met Jorgos vallen op dit moment gewoon geen afspraken te maken, je zult het zo zelf wel merken.'

Jorgos en Belletti zouden die ochtend op mijn verzoek ook aanschuiven.

Ik zei tegen Theo dat ik een filmpje van hem op internet had gevonden waarop hij met ene Tony door zijn geboortewijk Het Broek loopt.

'Ik denk dat ik wel weet welk filmpje jij bedoelt. Kutfilmpje.'

'Wie is Tony?

'Het was de bedoeling dat ze een itempje draaiden over mijn geboortehuis. Heel toevallig deed die Tony daar de deur open. Het is op zich een aardige jongen, vroeger gingen we weleens met elkaar om. Maar het was vooral ongemakkelijk, volgens mij zie je dat ook wel.'

'Ik dacht meer: waarom doe je hieraan mee?

'Ja, dat vraag ik me dan achteraf ook af. Ik weet niet eens meer voor wie het was.'

'De Gelderlander.

'Dat zegt al genoeg.'

'Wat vond je van Vitesse-Ajax?

'Daar kunnen we kort over zijn. Ajax heeft een beetje met ons gespeeld. Het was kansloos, ik zat de hele tijd op mijn telefoon te kijken. Iemand had tijdens de wedstrijd een foto van me gemaakt. Op die vieze Twitter zeiden ze dat ik een dikke kop heb gekregen. Nou en? Hun probleem. Zelf hebben de meesten ook een dikke kop. Of erger. Ik was gewoon Max Verstappen aan het volgen. Terwijl Vitesse werd weggespeeld, rukte Max al snel op naar de derde plek. Dus ik dacht: prioriteiten stellen. Ik vind Formule 1 gewoon mooi. Dat heb ik altijd gevonden. Als Formule 1 om acht uur 's morgens is, zet ik gewoon om zeven uur de wekker. Dat heb ik voor een voetbalwedstrijd nog nooit gedaan. Ga ik ook niet doen.'

Ik vroeg me af waar Jorgos en Belletti bleven.

Theo: 'Die zijn gewoon onderweg iets gaan vreten.'

Ondertussen kwamen Jorgos en Belletti binnen.

Theo: 'Daar zul je hoofdstuk 6, 7 en 8 hebben. Ik ga even slapen.'

Hij krulde zich in de leren fauteuil en sloot de ogen.

Jorgos gaf eerst Ester drie kussen, daarna mij een hand – 'Mafkees' – en sloeg ten slotte Theo zacht in het gezicht. 'Lelijkerd.'

Hij begon aan een onsamenhangend verhaal over de mens Theo, een man met bovenaardse eigenschappen.

'Als ik een probleem zou hebben zou ik Theo om een oplossing vragen. Dan vraag ik: "Theo, zus of zo?" En dan zegt Theo "zus". Of "zo". Dat is instinct, Mars. Die slimheid zullen zogenaamd gestudeerde mensen nooit begrijpen.'

Hij vergeleek Theo met Albert Einstein wiens brein op dezelfde manier zou werken. Jorgos sprak zo snel en enthousiast dat het ook bij het terugluisteren van de opnames niet te verstaan was.

'Theo is gewoon autonoom. Theo is Theo, en daarom is Theo ook een legende. Ik zag hem al als kleine jongen en wist meteen welke kant hij op zou gaan. Hij was vijftien en trapte een bal over dertig meter. Ik wist: die is talentvol, maar hij heeft wel een raar hoofd. Het gaat niet om het hoofd, Mars. Het gaat erom wat erin zit. Theo's hoofd zit vol met gedachten. Daarom hebben wij ook altijd gesprekken op niveau. Luister naar mij: Theo wordt een heel grote trainer. Ik durf nog niet te zeggen hoe groot, maar heel groot. En dan lopen ze te zeiken over zijn tatoeages, maakt niet uit, allemaal beeldvorming.'

Jorgos sloot af met: 'Zo, het voorwoord is af.'

Theo: 'Jorgos moet je gewoon laten uitpraten. Hij zegt

wijze dingen, over dat de beeldvorming niet klopt.'

Jorgos: 'Van wat je leest over Theo klopt maar twintig procent.'

'Ja, maximaal. De rest is allemaal onzin.'

'Mensen die een probleem hebben met Theo hebben eigenlijk een probleem met iets anders. Die zijn in gevecht met zichzelf. Gevechten met jezelf kun je niet winnen. Dan gooi je jezelf op de grond. En dan? Snap je wat ik bedoel?'

'Heb je wat aan deze wijsheden, Theo?

'Je gaat niet bij elkaar zitten als je niets met elkaar hebt, toch? Nou dan. Bovendien is Jorgos geen eenzijdige praatpaal. Ik ben ook weleens de praatpaal. Rond de verkoop van zijn zaak heb ik ook tips gegeven. Ik denk dat hij naar twee procent heeft geluisterd.'

'Dat geldt voor jou ook! Maximaal twee procent, anders had je nu wel een standbeeld voor Old Trafford gehad, maar dat maakt niet uit. Theo is een vrije geest, ik ben een vrije geest, wij zijn twee vogels.'

'Hier kan niemand meer overheen. Dit zijn hele mooie uitspraken. Als die vrouw van die boekhandel T-shirts gaat maken, wil ik deze uitspraak er ook op, dat wij twee vogels zijn.'

'Wij zijn twee vogels en we schijten op de rest.'

'Hij is de beste mentor die je kunt hebben.'

Ik sprak kort met Belletti, het verblijf in de gevangenis – over het hoe en waarom uiteraard niets in dit boek – had hem goed gedaan.

'De laatste keer dat ik je zag, was op het feest van Jorgos.

Belletti: 'Klopt, toen woog ik 24 kilo méér.'

Jorgos riep dat de verkeerde mensen in Nederland werden opgesloten. Zo was hij in de COOP aangehouden vanwege etnisch profileren.

'Omdat ze dachten dat ik een buitenlander was, wilden ze in mijn tas kijken. Ik heb de armen gespreid en gezegd: "Voel me dan, voel dan." Ze vonden niets. Natuurlijk niet. Ze namen me te grazen omdat ik eruitzie als een Turk, maar ik ben een Griek. In feite moeten ze dat soort supermarktmedewerkers opsluiten voor discriminatie.'

Theo zei dat hij een week eerder koffie met Belletti had gedronken en dat hij snapte hoe hij in elkaar stak.

'Hij bevalt mij wel.'

Wat hem ook beviel was dat je in de gevangenis zo snel zoveel af kon vallen.

'Dat klinkt allemaal heel erg goed. Een beetje bijkomen. Mogen er computers mee naar binnen?'

Belletti: 'Als je een beetje een grote zaak hebt krijg je een laptop en mag je typen.'

Theo keek me veelbetekenend aan: 'Dus ook ideaal voor jou.'

Jorgos gooide zijn espresso achterover en vertrok, het was onduidelijk waarom.

Theo ging rechtop zitten.

'Volgens mij heeft hij nog steeds moeite met de situatie. Het was voor iedereen prettiger toen Jorgos zijn zaak nog had. Kijk waar we nu zitten.' Hij keek om zich heen. 'Het is beter dan dat vorige café, maar nog steeds geen Jorgos.'

Daarna: 'Het vrijblijvende is eraf. Toen Jorgos zijn zaak nog had, reed je er toevallig langs en dacht: ik kan er net zo goed gaan zitten. Nu moet ik echt een besluit nemen. Tijdens de zomervakantie zat ik er iedere dag, en anders toch wel twee of drie keer per week 's ochtends. Even ontbijten.' Dan met een zucht: 'Ook daar zullen we straks een andere invulling aan moeten geven.'

Ester: 'Je hebt het maar ingewikkeld met jezelf.'

Belletti: 'Er zit vaak veel wijsheid in de woorden van Jorgos. Een heel goede uitspraak van hem vind ik: "Vraag je moeders kut."'

'En wat wordt daarmee bedoeld?

Belletti: 'Ja, dan zeg je eigenlijk niets, je krijgt geen antwoord. Je weet dat je troep praat. Soms herhaalde hij het ook. Dan zei hij: "Vraag je moeders kut nog eens?"'

Theo: 'Ik zit erover na te denken, maar alleen de gedachte al om daar iets aan te vragen, vind ik vreemd.'

'Ik ga niet meepraten. Mijn moeder is 87.

Het gesprek ging nog even door. Een voor een bogen ze

zich over mijn opnameapparaat om te zeggen dat alles off the record is.

Theo: 'Off the record, off the record!'

Ester: 'Dit niet opschrijven, viezerik. Off the record.'

Ik vroeg me hardop af wat ik nog deed in MAMS Coffee als de beste gesprekken niet mochten worden opgeschreven.

Theo: 'Anders ga jij vast zitten typen. Daar...' Hij wees naar een tafeltje in de hoek.

Belletti zei dat hij alleen onder de naam Belletti in het boek wilde, en niet onder zijn echte naam.

'Anders herkennen ze me in de moskee.'

Theo: 'Lezen ze daar ook boeken dan?'

Belletti: 'Nee, gek.'

Ester: 'Nee, die liggen de hele dag op een kleedje.'

Theo: 'Dit hoeft er van mij ook niet in. Ik ben niet gelovig. Ik heb maar één geloof: geloof in mezelf. Zouden ze bij Vitesse ook meer moeten hebben. Ik zal even het seizoen tot nu toe voor je samenvatten: kut met peren. Nu komt Ødegard erbij, ben benieuwd. Ze zeggen dat hij heel bleu is, maar ik geloof dat niet als je op je achttiende al bij Real Madrid zat.'

Theo begon aan een lofzang op het oude stadion Nieuw-Monnikenhuize, waar iedereen door elkaar liep. 'Nu is het eerste elftal helemaal weggestopt. Ze zitten in een kelder zonder ramen. Je ziet ze bijna niet. Ik vind dat jeugdspelers en selectiespelers elkaar vaker tegen moeten komen. Het is belangrijk voor je ontwikkeling om tegen iemand op te kijken.'

Ester: 'Dat heden en verleden elkaar een handje kunnen geven.'

'Heden, verleden en toekomst. Mooi gezegd. Kan wat mij betreft in het boek.'

'Tegen wie keek jij vroeger op?

'Tegen niemand. Ik vond verschillende voetballers goed. Theo Bos, John van den Brom, maar ook Edward Sturing. Hij was echt een goede back. Als hij in deze tijd zou spelen, zou hij in het Nederlands Elftal waarschijnlijk alles spelen. Hij was echt een goede voetballer. Fantastische, slimme voorzet had-ie. Zo'n luie bal, een halve stift, tweede paal. Die heeft hij nog steeds.'

'Hoeveel interlands had jij kunnen spelen?

Theo: 'Nu? In een tijdperk zonder Wesley Sneijder? 130-140, makkelijk. Ik vind Wesley trouwens een aardige gast. Toen we met FC Twente in Milaan speelden, zijn we na de wedstrijd nog met een paar spelers bij hem en zijn vrouw geweest. Happie gegeten, drankje erbij. We kenden elkaar van het Nederlands Elftal. Ik had wel een klik met hem en ook met Van der Vaart. Wesley stond ook weleens om vier of vijf uur 's nachts op mijn deur te kloppen omdat hij wat nodig had.'

'Wat dan?

Ester: 'Sigaretten, slimkees.'

'Je kunt ook met hem lachen. Hij heeft Piet Velthuizen

in Sydney wijsgemaakt dat de Eiffeltoren daar staat. Dat soort dingen. Ik was ook uitgenodigd voor die afscheidswedstrijd van hem bij het Nederlands Elftal, maar dat kwam niet goed uit.'

Ester: 'Je had geen zin.'

'Ik ga niet naar een voetballer kijken die in de middencirkel met zijn gezin op een bankstel zit. Dat hele gedoe eromheen ook. Verschrikkelijk. Lampen aan, lampen uit, laserstralen, kutmuziek. Bij PSV proberen ze er tegenwoordig ook een showtje van te maken. Bij het Nederlands Elftal geniet ik het meest van Davy Pröpper. Iedereen heeft het over Frenkie de Jong, maar Davy is echt een genot om naar te kijken. Jammer dat hij weg is bij Vites, maar wel begrijpelijk. In potentie was hij de beste van ons allemaal.'

'Jammer dat hij aan het eind in Arnhem werd uitgefloten, dat raakte hem.

'Als hij mijn karakter had gehad, had hij waarschijnlijk in de internationale top gespeeld. Barcelona, zo goed vind ik hem in potentie.'

Ester: 'Wat heeft eigenlijk de nadruk in dit boek, Mars? Diepgang of humor?'

Ik moest lachen en zei dat een combinatie waarschijnlijk het beste werkt.

Ester: 'Als je meer diepgang wilt, is het misschien leuk om nog een keer met Jorgos erbij af te spreken. Hij heeft ook allemaal ideeën over de politiek en de maatschappij.' Tegen Theo: 'Dat zou het beeld dat mensen van jou hebben, dat je oppervlakkig bent en zo, mooi kunnen weerleggen.'

Theo: 'Maar om nou net te gaan doen alsof ik zo geïnteresseerd ben in politiek...'

Ester: 'Het moet spontaan komen.'

'Wil je dat ik meer vragen stel als: 'Wat vind je van de uitspraken van Stef Blok?'

'Hebben we hem weer, hoor. Ik vind die hele Blok niet interessant. Dan vind ik dat verhaal van die Pechtold leuker. Die vrouw met wie hij een tijdje was, was gisteren op televisie. Ja, dan breng je politiek wel dichter bij de mensen.'

Ester: 'Ik dacht: huh, wat doet die dan op televisie? Want ze is verder totaal niet interessant.'

'Ze kwam heel apart over, laten we het zo samenvatten.'

Ik was geestelijk helemaal leeggetrokken. Terwijl de rest dacht dat er weer wat hoofdstukken gevuld waren, want dat zeiden ze hardop, zag ik op tegen het uitwerken van de opnames.

'Moet ik het nóg een keer luisteren.

Theo: 'Jouw probleem. Volgens mij hebben we al tien hoofdstukken. Hoe vaak moet ik nog? Heb ik al gezegd dat België wat mij betreft van de baan is?'

Ester: 'Dus geen hotelletje? Nou, regel dan maar een goed restaurant in Amsterdam. Ik heb nog wel wat te goed.'

Ik zei dat we een week later foto's gingen maken voor de cover en dat er boven boekhandel Hijman Ongerijmd een mooie ruimte was om dat te doen.

Theo: 'Dan gooi ik al die kutboeken uit de kasten en dan ga ik daar bovenop liggen.'

Theo zei dat hij misschien nog wel een leuk verhaal had voor in dit boek. 'Ik kwam bij de wedstrijd tegen Ajax Miel Brinkhuis tegen, je weet wel: die persman van Ajax. Hij vroeg of ik me de huldiging van het kampioenschap van Ajax in 2011 nog kon herinneren. Ik stond toen achter het podium een sigaretje te roken met burgemeester Van der Laan. Vervolgens moest hij een praatje houden en toen heb ik nog een heel leuk gesprek gevoerd met zijn vrouw, die was volgens mij twintig of dertig jaar jonger. Nou, dat vond Miel heel leuk en interessant.'

'En dat was het verhaal?

'Ja.'

Daarna: 'En heb je nog over een voorwoord nagedacht?'

'Jorgos toch? Die heeft dat zojuist zitten doen.

'Ik wil een positief voorwoord over de voetballer Theo Janssen.'

'Een beetje negatief mag wel, toch?

'Over de mens wel.'

Belletti stond op.

'Dank je wel, Belletti, voor de twee citaten.

Ester: 'Je was rustig, man, je zei niets.'

Belletti: 'Ja, ik ben rustig nu.'

Ester: 'Terwijl je vorige week helemaal, nou ja... Toen was je helemaal leip dat weet je zelf ook wel.'

Belletti: 'Theo was en is mijn held.'

'Hoppa, citaat nummer drie.'

Tijdens het schrijven van dit boek las ik op zijn profiel op internet dat Belletti inmiddels spelersmakelaar is.

Theo liet zijn nieuwe iPhone zien die hij had gekocht voor het goede doel, Stichting Jaimy. 'Ik heb, denk ik, serieus zeshonderd meer betaald dan de winkelwaarde. Hij reageert op mijn ogen. Hij luistert alleen naar mij. Voor de rest is-ie net zo kut als mijn vorige iPhone.'

Daarna: 'Heb je wat aan deze informatie? Wel nuttig, toch?'

'Het uitwerken van de opnames wordt nog een klus. Ik zal de opnames vaak stil moeten zetten om wat Jorgos zegt te ontcijferen.

Theo: 'Ik verstond er helemaal niks van. Ik dacht: fijn dat het op tape staat, fijn dat hij het moet uitwerken en niet ik.'

Ester: 'Je moet echt ingespannen naar hem luisteren, anders ontgaat je de essentie. Dat heeft te maken met het tempo, het onsamenhangende en de intonatie van de woorden die hij uitspreekt.'

Theo gaf me een klap op de schouder: 'Dat is jouw probleem, haha.'

Hij noemde een aantal mensen die ik zou kunnen

bellen en die dan waarschijnlijk positieve dingen over de voetballer Theo Janssen zouden zeggen: Fred Rutten, Mike Snoei, journalist en oud-Ajax-teammanager David Endt.

'Die heeft mij toevallig gisteren een stukje over jou gestuurd. Een dagboekaantekening van hem uit oktober 2012. Het heet 'Dreigende aardbeving'.

Theo: 'Zet dat er maar in. Krijgt het boek toch nog inhoud.'

Dreigende aardbeving

Het controlecentrum van onze club heeft hopelijk kundig en adequaat geanticipeerd op de ontwikkelingen in voetballand. Want met nog twee weken te gaan is de kans levensgroot dat dragende spelers het team gaan uithollen. Kans? Dat is optimistisch gesteld. Het is een zekerheid. Dus rekenen we op het controlecentrum dat, ervaringsdeskundig en listig, uiteraard Plan B gaat ontvouwen.
Waren de beslissingen al genomen voordat het nieuwe seizoen was aangevangen, voordat de eerste training plaatsvond, voordat de spelers zich weer presenteerden op het Ajax-bolwerk? Mogelijk: nee. Waarschijnlijk: nee – zo goed als zeker. De ideeën waren al bepaald en in het hoofd geprent als de nieuwe waarheid. En dan is het uiteraard moeilijk om afstand te doen van dat gedachtegoed. Want die gedachten, gedeeld met anderen natuur-

lijk, worden in het hoofd al snel tot De Filosofie. Alles wijst erop dat op de bodem van die filosofie de besluiten al genomen waren. En dat kan het zicht hebben ontnomen. Want wie goed keek, beschouwde, constateerde, zag op de eerste dag van samenkomst de gloed van motivatie in de ogen van Theo. Theo die pas in de tweede fase van het afgelopen voetbaljaar Theo was. De Theo die men bij Ajax voor ogen had voordat men hem aantrok, voor veel geld – voor een oudere speler. Met inbegrip van de zogenaamde uitval in gedrag, houding, ageren, reageren. Dat waren juist elementen die men in de groep meende te missen. Theo als kwalitatieve injectie en als tegenwicht.
Die Theo van de tweede seizoenshelft was voelbaar gemotiveerd om zich dit seizoen zwaarder te manifesteren. Hij ervoer het vorig seizoen als gewenning. Achteraf. Vooraf had hij niet gedacht dat die term op hem van toepassing zou zijn. Vertonghen vertrokken, Ooijer gestopt. Verhoeven vertrokken. Meer dan ooit zou Theo een steunpunt, een persoonlijkheid moeten zijn in de kleedkamer, en dat idee beviel hem. En als iets hem bevalt, dan heb je veel aan Theo. Een ander zou dat in veel sterkere bewoordingen benoemen. Ambitie als stromende lava, zou een dichterlijk ingesteld persoon kunnen zeggen. Theo houdt het simpeler, geen gezwollen tekst maar wel inhoud. En zonder dat de substantie simpel is, geenszins! Het vraagt meer van de speler die zijn stigma's kent, zijn eigen valkuilen en die een makkelijk te kwetsen karakter heeft. Zeker

wanneer de eerlijkheid geweld wordt aangedaan.
Wonderlijk pijnlijk is het proces dat een dergelijke natuurlijke ambitie en motivatie weet te ondermijnen. Met als enige grond de van tevoren vastgestelde 'filosofie'. Die vrijwel haaks staat op de filosofie van twaalf maanden eerder. Geen signalen van aanmoediging maar signalen van frustratie. Signalen die afstand scheppen. Een afscheid niet onbespreekbaar maken is een regelrechte aanduiding: ga! Kleine prikjes die een sensibele man als Theo raken en die in hun uniciteit te bagatelliseren zijn, maar in hun totaliteit een grote onontkoombare boodschap bevatten: voor ons hoeft Theo niet.
Wonderlijk dus ook hoe je afstand doet van de brede kwaliteit op het moment dat die brede kwaliteit zich volledig beschikbaar maakt, ontvouwt. Het inzicht wordt niet bijgesteld. De signalen niet opgevangen of op waarde geschat. Want aan een vastgestelde filosofie wordt niet geschaafd door voortschrijdend inzicht. Pijnlijk.
Gekwetste speler vermant zich. Of, zo kun je het ook zien, stelt zich professioneel op. Een plek op de bank, andere spelers hebben voorrang, zoveel is duidelijk. De woede in weerwil van de gloeiende lava die onderdeel is van die man en die dwars door alles heen wil stromen, wil vernietigen. Want het kwetsen zit diep, bewijs van de ambitie, teken van karakter en persoonlijkheid. Dat karakter en die persoonlijkheid die twaalf maanden geleden zo gewenst waren. Beheerste lava. Zich verbijtend op de bank die hij

liever als de sofa thuis had gevoeld. Liever dan de vernedering te ondergaan. Beheers de lava van je ziel. Met strakgetrokken mond, met glazige ogen. Dan, eindelijk, beledigend laat: de wissel. Toch maar doen, en dan, in tien minuten, laat Theo zich zien als een atleet van olympische proportie.

David Endt

'Die anderen ga ik allemaal niet bellen. Ik kan me niet voorstellen dat Fred Rutten me nog te woord staat en het werkt gewoon niet om vrienden in de voetballerij over je aan het woord te laten. Dat heb ik bij het Theo Bos-boek gedaan; iedereen zegt hetzelfde. Bovendien vinden de lezers je al een goede voetballer, anders lezen ze dit überhaupt niet. Dat hoef ik ze niet uit te leggen. Ik ben wel benieuwd wie je nog meer wilt aandragen.

'Peter Wisgerhof, Sander Boschker...'

'En iemand als Kenneth Pérez?

'Als jij denkt dat dat goed is...'

Ester: 'Saaie pipo.'

'Het wordt geen serieus boek, dan had je iemand anders moeten vragen.

'Gewoon een lekker boek, dat de mensen moeten lachen, met een beetje zelfspot erin, en dat ze na afloop zeggen: "Leuk boek over Theo Janssen." Of dat ze in ieder geval lekker hebben zitten lezen. Nog effe iets serieus:

dat stukje over Kevin en mij, over dat ongeluk – dat wil ik vooraf wel even aan hem laten lezen. Dat heb ik toegezegd. Dat kan toch?'

'Ja, natuurlijk, het is niet meer dan een halve pagina.

'Mooi, hoe korter hoe beter. Wij gaan nu goed met elkaar om, we hebben er een streep onder gezet. Ik zit niet te wachten op ophef, hij ook niet. We werken bij Vitesse prima met elkaar samen, we willen alle twee geen gezeik. Ik begrijp wel dat het erin moet, het heeft een grote impact gehad destijds. Ik wil me ook nergens achter verschuilen. We hebben respect voor elkaar en daar draait het om. Voor de rest moet het een boek worden dat mensen met een lach lezen. Wie je ook nog kunt bellen: Wim Jansen, de elftalleider, die kent me al vanaf dat ik klein ben. Die is gewoon kritisch en eerlijk, ik mag hem graag.'

'Het liefste heb ik dat je het zelf leest.

'Als ik erdoorheen kom.'

'Het is vooral slap gelul tot nu toe, en dat is wat mij betreft ook de bedoeling. Het is mijn boek over jou. Ik luister goed naar wat je allemaal niet wilt. Geen namen, geen afrekeningen, weinig over je privéleven… Aan wat er overblijft, verander ik weinig. Ik heb ook eergevoel.

'Weten we toch. Zet er dan maar even in dat Wim Jansen een goede vent is. Kijken of hij het ooit leest.'

'Ik zet er wel een oud stukje uit 2005 in over jullie.

'Als vulling, wordt het boek lekker dik van.'

Ik sprak elftalbegeleider Wim Jansen in het spelershome over zijn functie. 'Tja, wat doe ik? Ik moet overal hotels regelen en dan zorgen dat daar pasta bolognese is. Dat eten ze altijd.'

Toen ze in 2004 op trainingskamp in Turkije waren, was dat elke dag gelukt. Hij had er de interactie tussen de spelers bestudeerd en zei: 'Er zitten een paar goede stappers bij.'

'Wie?' vroeg ik.

'Nou Stijn Vreven en Harald Wapenaar kunnen 'm lekker raken,' zei Wim.

'En Theo Janssen?

'Die kan er niet tegen als hij ver van huis is. Die moet gewoon in Arnhem blijven. Dat wil hij geloof ik ook in zijn contract laten zetten.'

Theo Janssen was zijn favoriete speler. 'Dat is een jongen met een hoge cognitieve intelligentie, daar vergissen mensen zich weleens in.'

Ik keek hem verbaasd aan.

'Het is gewoon een goeie gozer. Ze zitten hier altijd te schelden dat hij te dik is, maar hij is gewoon snel. Hij oogt langzaam, maar bij Coopertests eindigt hij nooit als laatste. Nooit.'

Theo Janssen passeerde. Hij sloeg Wim op de schouder en zei: 'Mooi gezegd.'

'Even iets belangrijkers,' zei Theo. 'Die fotograaf, ik heb het al gevraagd, maar die is toch wel echt goed? Want anders ken ik er nog wel een in Arnhem. Die is volgens mij nog goedkoper ook.'

'Martijn is echt goed. Bovendien we gaan wel voor landelijk bekend. Jij zit toch ook liever bij DWDD *dan bij Omroep Gelderland?*

'Omroep Gelderland, amateurtelevisie. Is die fotograaf net zo gek als jij?'

'Vriendelijker.

'Dat je de hele tijd achter me aan loopt wil nog niet zeggen dat ik een hekel aan je heb.'

'Liep ik maar achter je aan. Er gebeurt niets. Je hangt in een stoel.

'Dan is dat de actie. Of denk jij dat de mensen van mij verwachten dat ik van alles doe?'

Ester: 'Martijn is echt een topfotograaf, Theet.'

Theo: 'Zegt mevrouw de fotografiedeskundige.'

Ester: 'Ik kan wel zien of iets een goede foto is, ja.'

Theo: 'Zwart-wit is mooi. Ik ben zelf ook zwart-wit.'

Ester: 'Hij werkt met kleuren, toch Mars?'

'Ja, het is wel in kleur.

Theo: 'In dat boekhandeltje? Kan ik meteen even zien hoe de concurrentie erbij ligt.'

Friet waterfiets

Het was zondagavond, ik was met een taxi vanaf het station naar de wijk Schuytgraaf gegaan. Theo deed pas na drie keer aanbellen open.

'Sorry, we lagen op de bank. Je weet wel.'

Hij was onze afspraak vergeten.

'Toen de deurbel ging wist ik het weer. "Daar zul je 'de gek' hebben," zei ik tegen Linda. Schiet het nu een beetje op? Ik vind het allemaal lang duren. Hoeveel afspraakjes nog? Maar kom binnen, kom binnen, je kunt lekker meeeten.'

De woning was sober ingericht. Veel grijs, veel wit. Wat opviel was een tijdschriftenkast, zo een met schappen, die je in bibliotheken ziet. Er lagen drie nummers van het tijdschrift *Helden* in. Ze waren een paar jaar oud.

'Die stuurt Barbara Barend mij op. Ik vind haar een aardige vrouw. Maar wat moet je ermee? Soms gooi ik ze in de tijdschriftenkast. Als ons boek er is, neem ik ook een boekenkast. Die gaat op zolder. Daar hangen ook al mijn voetbalshirts. Wil je die zien? Nee toch? Mooi, want de dochter logeert nu bij me en die is boven haar eigen dingen aan het doen. Wat ze doet? Geen idee? Huiswerk denk ik, haha. Ze is een braaf kind.'

Zijn vriendin Linda lag op de bank onder een deken. Ze was een beetje verkouden en bemoeide zich af en toe met het gesprek.

Theo: 'De televisie staat hier altijd aan. Standaard.'

Tegen Linda: 'Hij komt mee-eten.'

Daarna tegen mij: 'Je komt wel op een goeie dag. Op zondag eten we altijd waterfiets. Ik ga zo koken.'

'Waterfiets, dat is toch een bak friet met aan beide kanten een frikandel? Lekker. Ik ben blij dat je niet zelf gekookt hebt.

'Mooi, je doet dus mee? Dan ga ik nu bellen, want ik ga echt op zondag niet het huis uit voor voer.'

'Hoeveel dagen per week kook je wel zelf?

'Dit is al voor het boek, hè? Dan vijf.'

Ik herinnerde me een interview dat ik met hem had toen hij net was gestopt als voetballer en waarin hij zei dat hij nu eindelijk tijd had om gezond te koken. Ik zocht het op mijn telefoon op en las het aan hem voor.

De avond voor het interview had hij voor het eerst gescout. Het was hem tegengevallen.

'Jong Oranje-Jong Israël... poeh. Ricardo Kishna van Ajax was wel goed, dat heb ik keurig doorgegeven, ben benieuwd wat ze met die informatie gaan doen. Een heel saaie wedstrijd, na een halfuur had ik het wel gezien. En Bosko kan niet autorijden. Zeventig op de snelweg, 120 op de kleine weggetjes.'

Ik vroeg of zijn nieuwe leven, na de eerste werkdag, nog steeds beviel.

'Er is eigenlijk niets veranderd,' zei hij. 'Het laatste halfjaar zat ik toch ook alleen maar op de tribune? Ik ga straks naar de supermarkt. En daarna koken voor als het vrouwtje thuiskomt, want zij werkt ook.'

Ester: 'Wat ga je koken?'

'Gezond met groente.'

Ester: 'Biologisch?'

'Nee, dat is gore troep. Gewoon, groente in de pan.'

We wandelden naar de plek waar vroeger het oude clubgebouw De Slenk stond, een verbouwde stal die geel-zwart was geverfd. Hij had zich er duizenden keren omgekleed, maar nu was er alleen nog omgewoelde aarde.

Sentimenteel werd hij er niet van. 'Zo zit ik niet in elkaar,' zei hij. 'Het enige wat ik nu denk is: douches met koud water.'

'Wat een dom gelul, zeg,' reageerde Theo. 'Zat je weer alles uit z'n verband te trekken? Nee? O, dan wilde ik zeker leuk overkomen. Zet maar in het boek dat ik altijd gezond en lekker kook en dat ik van gezond en lekker eten houdt.'

Linda: 'Je mag niet liegen.'

'Nee, ik mag niet liegen, maar ik kan wel koken. Ik kan: groente-vlees-piepertjes. Ik kan zelfs een pasta maken, maar ik ben geen liefhebber van koken. Hoezo zou je koken als je thuisbezorgd.nl hebt? Daar kun je tegenwoordig ook gezond bestellen.'

Ik vertelde Theo dat ik hem binnenkort een serie vragen uit het boek *Volgens Proust*, van mijn oud-*HP/De Tijd*-collega's Henk Steenhuis en Bert Bukman wilde voorleggen en dat ik hoopte dat ik zo door zijn schild heen kon breken.

'Wat voor vragen zijn dat dan?'

'Vragen als: 'Lijk je meer op je vader of op je moeder?' Ik heb dat soort vragen tien jaar geleden ook weleens aan je gesteld. Bij Vitesse Sport Café, *toen vond je het kutvragen...*

Samen met Xander Schoemaker verzorgde Vincent Janssen bij elke wedstrijd van Vitesse een liveverslag op Radio Lingewaard. Veel vaste supporters stemden bij uitwedstrijden op de zender af vanwege de toon van de wedstrijdverslagen. Die was het best te omschrijven als betrokken en pro-Vitesse.

In het dagelijks leven was Vincent vertegenwoordiger in vuilnisbakken. Daarvóór handelde hij in hondenbrokken. Hij belde me vaak op om het laatste Vitesse-nieuws door te nemen. Zo was hij een keer met Michael Dingsdag naar de kermis geweest. En zijn vader heette Theo Janssen, net als de voetballer. 'Dat is mijn grootste fan. Die luistert echt alles. Laatst moest hij tijdens een wedstrijd met de fiets weg. Toen heeft hij een transistorradio onder zijn snelbinders gebonden om maar niets te hoeven missen.'

Vincent was een van de presentatoren van het maandelijkse *Vitesse Sport Café*. Het probleem van dat radioprogramma was dat de spelers van Vitesse niets bijzonders zeiden. Dat kwam doordat Edward Sturing en Pieter Huistra er ook naar luisterden. Vincent belde me een keer of tien op met de vraag of ik geen vragen wist waarop spelers iets origineels zouden zeggen. Het leek me onbegonnen werk, maar uiteindelijk gaf ik hem vragen die ze bij *HP/De Tijd* voor de rubriek 'Zelfportret' gebruiken. Het waren vragen als:

– Ben je gelukkig?

– Lijk je op je moeder?

– Wat is je grootste angst?

In een vrijwel verlaten kantine van VV Rheden bestudeerde Michael Dingsdag de lijst met vragen. Hij was samen met Theo Janssen te gast in het programma en kon niet geloven wat hij las. 'Hé, Theo, het zijn allemaal kutvragen. Niet normaal meer. 'Of je van je moeder houdt', en nog meer van dat soort shit.'

Theo kwam meteen. 'Laat 'ns kijken.'

Hij was even stil en wilde weten wie die onzin had verzonnen.

'Ik,' zei ik.

'Dit zijn echt vieze kutvragen en dat weet je zelf ook wel.' Hij pakte het papier met vragen en scheurde het doormidden.

Michael Dingsdag: 'Goed zo, Theo.'

Even later begon de uitzending. Theo werd als eerste geïnterviewd.

Vincent Janssen: 'Theo, jij bent een van de grote jongens bij Vitesse...'

Theo: 'Nou, dan verdienen de anderen niet veel.'

Vincent Janssen: 'Aan wie erger je je?'

'Als ik dat hier zeg, word ik geschorst. Ze werken allemaal bij de club.'

Verder vertelde Theo dat hij zonder het voetbal uitvinder of barkeeper was geworden, dat het zijn ideaal was om na zijn carrière met het vrouwtje en het kleintje in een warm land te wonen – 'Met voldoende eten en drinken erbij' – en dat hij thuis nooit naar voetbal keek op televisie. 'Als ik thuis ben, ben ik thuis. Dan heb ik verder niets met Vitesse te maken. Ik vind voetbal kijken niets aan. Ik kijk liever Formule 1.'

De Vitesse-supporters klapten voor Theo. Alleen Michael Dingsdag niet. 'Het zijn gewoon oude grappen.'

Na afloop kwam Theo naar me toe. Hij wilde een sigaret.

'Hier,' zei ik en ik gaf hem een Camel-filter. 'Mag je thuis nog roken nu je vriendin zwanger is?'

'Wát? Wat zeg je nu weer?'

'Of je thuis nog mag roken?'

'Ja, hè hè. Anders gaat ze maar buiten wonen.'

Tegenwoordig vond hij dat soort vragen juist leuk.

'Ik denk dat ik het meest op mijn vader lijk,' zei Theo.

Hij keek naar Linda, die zei: 'Ik weet het niet.'

Theo: 'Zij kent mijn vader niet, die was al overleden. Hij zou morgen 67 zijn geworden. We hebben vanmiddag met z'n allen bij elkaar gezeten. Het was wel oké. Mijn moeder heeft het af en toe moeilijk, maar ze heeft het al wel een plekje gegeven. Ze vindt het gewoon fijn als we er allemaal zijn. Zo vaak gebeurt dat niet. Mijn vader is nu een jaar dood. Het huis van mijn moeder zat helemaal vol. Mijn broer kwam met twee kleine kinderen en een volwassen zoon. Mijn nichtje kwam ook binnenlopen met drie kleine kinderen en zo kan ik nog wel even doorgaan. Je moet dan niet raar opkijken wanneer je de deur naar de gang opentrekt, dat iemand alle was van boven naar beneden flikkert. Overal wasknijpers ook. Maar ja, kinderen zorgen wel voor sfeer. Wij hebben elkaar verder niet zoveel te vertellen, we zijn niet van die praters.'

Linda: 'Er wordt wel gesproken, maar niet echt veel gezegd.'

'Dat is een beetje het ding bij ons. Als wij vroeger aan tafel gingen, gingen we eten. Geen geklets. Stil zijn en na het eten weer buiten spelen.'

We hadden het over het overlijden van zijn vader.

'Het is natuurlijk niet oud, 65. Mijn vader was al eens ernstig ziek geweest: keelkanker. Daarna zag hij er anders uit, hij praatte moeilijker. De kwaliteit van leven ging er niet op vooruit, er veranderden dingetjes. Hij ging minder naar zijn voetbalclubje en hij ging ook niet meer mee naar Vitesse. Toen hij daarna nog een keer ziek werd, ging het razendsnel. Hij werd er niet leuker op, maar dat kan ik me ook voorstellen.'

'Werkt jouw moeder nog?

'Nee, die is met pensioen, die is gewoon klaar. Het is voor haar wel wennen, mijn ouders waren altijd samen. Ze waren niet van die types die de deur uit gingen, bleven altijd thuis. Soms naar een verjaardag. Naar Vitesse kijken toen ik daar speelde, ook wel naar FC Twente, maar nooit naar Ajax. Mijn vader was gewoon een Feyenoord-supporter dus die hoefde dat van mij ook niet. Dat wilde ik hem niet aandoen.

Ik ben bij Ajax trouwens nooit ongelukkig geweest. Ik heb met leuke gozers gespeeld daar. Daley Blind is een leuke kerel, net als Siem de Jong, Christian Eriksen, Jan Vertonghen en Toby Alderweireld. Jeroen Verhoeven, de keeper die ze 'pizza' noemen, was ook een goeie gast. André Ooijer kende ik al van het Nederlands Elftal. Waar je daar wel gek van werd: al die clubwatchers, die mensen eromheen die het allemaal zo goed weten. Zelfs de fotograaf van Ajax vindt zichzelf heel belangrijk. Met de materiaalmensen had ik wel een goede band, ik heb altijd iets gehad met materiaalmensen.'

'Misschien omdat je vader klusjesman was?

'Zo psychologisch... Zou kunnen, zou kunnen.. Materiaalmensen, of zeg maar materiaalmannen want het zijn altijd mannen, zeggen je gewoon waar het op staat. Als het kut was, zeiden ze dat gewoon en als ik te vaak een T-shirt had weggeven, zeiden ze daar ook wat van. Je kon lekker koffiedrinken met die gasten, sigaretje erbij.'

'Waarom ben je halverwege je tweede jaar teruggegaan naar Vitesse?

'Heb ik toch al gezegd? Omdat ze de A12 en A2 aan het verbouwen waren. Heel simpel: dat irriteerde me nogal. "Ja," zeiden ze, "dan moet je eerder van huis weggaan." Ja, en dan? Dan ben je twee uur te vroeg voor de training. Zit je daar. Ze wilden dat ik naar Amsterdam verhuisde. Dat ging echt niet gebeuren en dat wisten ze zelf ook wel. In de voorbereiding op mijn tweede seizoen heb ik mijn probleem bij Frank de Boer aangekaart. Ik zei: "Ik word gek van die kutfiles, dat je dat weet. Ik heb geen idee hoe lang ik het nog volhoud op deze manier."'

'Zelf zou Frank de Boer gewoon wat vroeger zijn opgestaan.

'Hij zei ook tegen mij: "Als Vitesse je wil, mag je van mij terug. Toen hij dat uitsprak, wist ik het zeker. Ik belde de zaakwaarnemer en zei dat hij het moest regelen. Daar ben ik qua geld wel veel bij ingeschoten. Kon me niets schelen.'

'Jij hoeft nooit meer te werken?

'Valt wel mee. Tot mijn 24ste heb ik alles erdoorheen gejaagd. Echt alles. Ik heb heel veel weggegeven, bijvoorbeeld. Vooral aan familie. Ik heb veel dingen betaald. Dat vond ik ook normaal. Als er iets aan de hand was, loste ik het op. Dat doe ik nu niet meer. Op een gegeven moment kom je tot het inzicht dat het niet heel handig is om alles erdoorheen te rammen. De ex had wel verstand van financiële dingetjes, ze was handig met geld. Ik heb uiteindelijk genoeg overgehouden. Maar goed, nu ben ik in een scheiding terechtgekomen. Als ik het rustig aan zou doen zou ik het waarschijnlijk wel tot het einde redden, maar dat is niet hoe ik wil leven.'

De deurbel ging, Theo hoorde het als eerste.

Hij nam de bestelling in ontvangst en riep in het trapgat zijn dochter die op haar kamer bezig was.

We gingen aan de keukentafel zitten.

Theo's dochter leek niet alleen fysiek op hem, maar was ook behept met hetzelfde gevoel voor humor. Ik stelde me voor en vroeg haar waar ze het eerst aan dacht bij haar vader.

'Toch wel eten.'

Theo: 'Echt? Interessant.'

'Omdat papa misschien te veel van eten houdt. En ook een beetje te veel van ongezond eten.'

'Maar zelf spuug je er ook niet in.

'Als ik een week hier ben geweest en dan terugga

naar mama, ben ik vier kilo aangekomen.'

'Valt wel mee, toch?'

'Hoef je nu niet boos te worden.'

'Ik ben niet boos. Maar is dat het eerste waar je aan denkt? Leuk.'

Ik vertelde dat ik haar al eerder gezien had, bij het afscheid van haar vader als voetballer.

Ik trof Theo Janssen bij de roltrappen in GelreDome.

'Zie je op tegen vandaag?

Theo: 'Pfff.'

De 'Theo Janssen-week' bereikte een climax: in de rust van de laatste reguliere competitiewedstrijd tegen Go Ahead Eagles (2-2) zou Theo afscheid nemen van het publiek.

Er waren een Twitteractie – het zo veel mogelijk retweeten van de tekst #theobedankt – en de lancering van een Theo Janssen-T-shirt, ook een zoektocht naar zo veel mogelijk Vitesse-supporters die ook Theo heten (ze werden niet gevonden), een persconferentie voor leden van de Vitesse-kidsclub en een avond in het supportershome, waarbij de pers nadrukkelijk niet welkom was, aan voorafgegaan.

Theo bedankte de supporters op geheel eigen wijze: 'Iedereen die me iets gegeven heeft: bedankt. Iedereen die me niets gegeven heeft: jammer, ik was speciaal met de grote auto gekomen.'

In de rust van de wedstrijd tegen Go Ahead zou Theo op eigen verzoek worden toegesproken door ex-persvoorlichter Ester Bal, een toespraak waar de clubleiding met zorg naar uitkeek. Ze hadden haar tenslotte niet zo lang daarvoor ontslagen. Algemeen directeur Joost de Wit had Ester verschillende keren benaderd om onder het genot van een pot koffie het een en ander door te spreken, maar daar had ze van afgezien.

'Ik ken Theo door en door en hij wilde mij, dan krijgt hij ook een toespraak van mij. Ik heb verder geen feedback nodig.'

De mooiste loge van GelreDome was voor de familie en vrienden van Theo. De 'presidental suite', die tot voor kort toebehoorde aan Merab Zjordania. Vanaf de perstribune waren Theo's vrouw, zijn dochter, Jorgos, Ester Bal en Marieke Bos te herkennen. En vreemd genoeg ook algemeen directeur Joost de Wit, de Russische eigenaar Alex Chigirinskiy en Marina Granovskaia, belast met de dagelijkse leiding van moederclub Chelsea.

'Grote paniek vanmorgen,' zei Ester Bal toen ze even 'hallo' kwam zeggen tegen bekenden op de perstribune. 'Alles was geregeld, de loge zat helemaal vol, toen Jopie op het laatste moment bericht kreeg over het hoge bezoek uit Londen. Ze hebben die zwarte stengels uit Jopies [algemeen-directeur Joost de Wit, MvR] kantoor, die flexibele wand, snel tussen Theo's vrienden en de directie gezet. Theo trekt er zich niets van aan, maar er is nu wel een streng rookverbod.'

Daarna: 'Zie ik er goed uit?'

Ze droeg een oranje-bruine zijden blouse.

'Ben je zenuwachtig?

'Het wordt steeds minder,' zei Ester. 'Ze serveren daar aan de lopende band drankjes, ik gooi zo veel mogelijk naar binnen.'

In de rust kwam Theo Janssen hand in hand met zijn dochter het veld op gelopen. Hij kreeg een staande ovatie.

Ester sprak hem toe, ook haar naam werd gescandeerd.

Voor een speler die structureel iets te dik was, heb je het best redelijk gedaan. Jammer alleen van dat jaar in Amsterdam. Prachtige fysiek. Wat houterig en toch soepel. Onnavolgbaar was het ritme van de fenomenale linker. Energieke eenvoud, nooit te veel maar ook nooit minder. En niet laf op inhoud. Er was succes. Genoeg succes, zei je zelf. Te weinig, zeiden de kenners. Die zeiden dat je bij Real Madrid had kunnen spelen, als je ervoor geleefd had.

Over je levensstijl is veel gezegd en geschreven. Van het stigma dat je de peuk op de lip hebt en de biertjes onder handbereik kom je nooit meer af, al ga je morgen het klooster in. Maar je hebt meer eerzucht en verantwoordelijkheidsgevoel dan de meeste mensen vermoeden. In een wereld waar

iedereen elkaar napraat, moet je zuinig zijn op elk origineel geluid. Theo is zo'n geluid.
Luchtigheid en relativerende humor zijn ver te zoeken in het voetbal. In jou zijn ze een vanzelfsprekendheid. Dan ligt het al op je schoot. Prikkelend en provocerend. Uit jouw mond geen tegeltjeswijsheden en clichés.
Onafhankelijk als je bent, organiseer jij je eigen kritiek. Ooit stond je de media te woord in je blote, vol getatoeëerde bast. De belichaming van de provocateur die om zichzelf kan lachen. Het was plezierig, we keken graag naar je, hebben je bewonderd, en stilaan is het nu toch welletjes geweest. Of zoals je zelf zegt: je bent er klaar mee. De knieën zijn kapot gespeeld, het voetbaleinde was onvermijdelijk.
Nou, Theo, wij zijn niet klaar met jou. Want Vitesse heeft een Theo nodig.
Je was een van de grootste Vitesse-voetballers aller tijden, ook van de tijden die nog komen moeten en het is aan jou om ervoor te zorgen dat onze club een club blijft.
Er is weinig mooier dan een voetballer jankend de laatste bal te zien trappen.
Jij jankte niet. Theo Janssen bezondigt zich niet aan vals sentiment.

Pijn had je wel. In je knie. Niet in je voetbalhart. Jij vond het goed zo, toen je in je laatste wedstrijd op 6 oktober vorig jaar het veld af strompelde. Je wierp jezelf in de dug-out als een jas op een barkruk.
De herinnering aan de voetballer Theo Janssen zal in geen enkel geel-swèrt hêrt ooit opdrogen.

Theo, duidelijk aangedaan door het applaus en de woorden van Ester, bedankte eerst het publiek en daarna zijn vrouw.

'Schat, ik hou van jou.' Daarna brak zijn stem.

Zo kenden we hem nog niet.

Tien minuten later trof ik hem in de catacomben, nog steeds hand in hand met zijn dochter.

'Wat vond je ervan?' vroeg hij.

'Mooi,' zei ik. 'Ester deed het ook goed.'

'Ja, heel goed.'

'Je kreeg ook applaus van de Go Ahead-supporters.'

'Ja, mooi hè?'

'Ga je nu nog iets doen?'

'Echt niet, ja, een hapje eten straks, maar daarna niets meer. Ik ben er klaar mee.'

Theo tegen zijn dochter: 'In de jaren daarna deden we best veel samen, toch?'

Zijn dochter: 'Maar als je vraagt waaraan ik het eerst denk, zeg ik toch eten.'

'Dat is de herinnering, hier zullen we het mee moeten doen voor het boek.'

Theo vertelde dat hij twee keer was gaan kijken op haar middelbare school. Het viel hem op dat ze er niet zo krampachtig deden over het hebben van een mobiele telefoon.

'Ze zeggen daar: "Er zit ook een rekenmachine op, daar staan veel mensen niet bij stil."'

'Wat wel *awkward* is, is dat er in het lokaal van Engels een poster hangt met allemaal *legends* van Vitesse. En dat papa daar ook op staat. Ik zei: "Hé, die komt me bekend voor," en toen vroeg Bas, onze leraar Engels, of ik Theo Janssen soms ken. Daarna viel er een rare stilte.'

'Goed verhaal, maar je had er denk ik bij moeten zijn.'

'Was ik toch ook?'

Ze kon zich maar één keer herinneren dat Theo voor haar gekookt had. 'Aardappels, sla en schnitzel. Nou, die kwamen er 's avonds meteen weer uit. Effe denken wat we deze week hebben gegeten.'

Theo: 'Oma is hier geweest. Die heeft soep gemaakt.'

Linda: 'De dag erop zou je koken, maar toen kreeg ik op het werk een appje of ik iets mee kon nemen.'

'Sushi toch?'

Ik vertelde hem dat Theo Bos bij het zien van een snackbar meteen honger kreeg en dat die weleens vier frikandellen at.

Theo: 'Dat doe ik ook weleens, maar als mijn moeder

zou zeggen dat ze zes dagen per week voor me zou koken, zou ik daar ook zes dagen gaan eten. Als ik het zelf ga maken dan is het resultaat niet zo lekker. Het is het net niet.'

Ik vroeg of Linda in de toekomst voor hem wilde koken.

Zijn dochter: 'Die kan net een ei koken.'

Theo moest lachen omdat hij verstond: 'Die is net uit een ei gekropen.'

'Dat was wel geniaal geweest.'

Linda zei dat ze koken totaal niet leuk vond. 'Dus dat wordt in de toekomst wel een ding.'

Ze hadden een periode gehad dat ze drie keer per week uit eten gingen.

Theo: 'Maar dan heb je altijd: voorgerecht-hoofdgerecht-dinges. Duurt zo lang.'

Linda: 'Maar het is wel gezonder dan dit.'

'Oké, gaan we gewoon weer drie keer per week uit eten.'

Zijn dochter: 'En daarna lekker naar de kroeg.'

'Dat is echt niet meer zo.'

'Maar dat wilde je wel graag.'

'Ja, klopt.'

Zijn dochter zei dat ze niet alleen op haar vader maar ook haar moeder lijkt.

Theo: 'Je hebt ook wel iets van je moeder. De kleur van je ogen. Je hebt blauw-groene ogen, maar ik denk dat je ook op mij lijkt.'

'Jij hebt niet eens een bovenlip.'

Ik zei dat haar bijdrage een waardevolle aanvulling voor het boek was.

Theo: 'Jezus, we hadden beter bij mijn moeder kunnen blijven, dan hadden we hem nu niet aan tafel gehad.'

Zijn dochter: 'Maar daar was FOX kapot...'

'Nee, die heeft ze opgezegd nadat mijn vader is overleden. Dat snap ik wel als je zelf niet de hele tijd voetbal hoeft te zien. We lagen lekker klaar voor een wedstrijd, app jij ineens wat het adres ook alweer was. Ik dacht: shit, kut. Vroeger had ik je gewoon laten staan, maar nu heb ik meer respect.'

Zijn dochter over mij: 'Heeft-ie wel genoeg inspiratie?'

Theo: 'Weet ik veel.'

'Het is tot nu toe vooral een boek over hoe een boek tot stand komt. Ex-voetballer wil boek, maar heeft weinig zin om veel te vertellen. Ik weet niet of zoiets al eerder is vertoond. Ik ben wat cynisch, nu.

Theo: 'Snap jij het, of snap ik het?'

Zijn dochter: 'Het wordt een boek over eten.'

Theo: 'Ja, een kookboek! Met alle lievelingsgerechten van Theo Janssen. Wat hebben we allemaal al behandeld? Boerenkool met worst hebben we het over gehad, waterfiets ook... Nou, ik zeg op drie Chinees, op vier sushi, op vijf pizzaatje.'

Het gesprek ging nu over het etentje in Amsterdam dat ik moest organiseren.

'Jij mag dat regelen, maakt mij niet uit of er iets uit de Theo Janssen-top 5 bij zit. Als er maar drank is, is het altijd goed.'

Hij begon weer over de verfilming.

'Hoe heet die film nou?'

'The Big Lebowski. *Jij wordt de Nederlandse Dude.*

'En het mooiste is, een film duurt maar anderhalf uur. Met zo'n boek ben je veel langer bezig. Dat ze na anderhalf uur naar buiten gaan en dan denken: geen idee wat ik gezien heb, maar we hebben wel een leuke avond gehad. Vraagt de dochter van de klootviool nooit waar het over gaat?'

'Jawel, maar ik vind het moeilijk om uit te leggen. Het gaat nergens over, zeg ik dan.

'En wat zegt zij dan?'

'Klinkt goed. Ze heeft er alle vertrouwen in.

'Het ergste lijkt me als we door dit boek veertig keer in een boekhandel moeten gaan zitten met al die klanten.'

'Hoeft niet, als je maar meegaat naar de televisie. Niet zoals bij mijn boek over Theo Bos waar iedereen op het laatst voor terugdeinsde.

'Gaat nu niet gebeuren. Ik zit er voor de helft in, toch? *DWDD* wil ik wel doen. Kan wel historisch worden, vooral als we zeggen dat er niets in staat. Bij *Veronica Inside* hoef ik niet aan tafel, aan de bar is wel oké. Weet je wat het verschil is met *DWDD*? Daar mag je ook weer van tafel. Bij *Veronica Inside* moet je blijven zitten. Aan de bar is veel beter; hoef je ook niet van die domme gesprekken te voeren over seks, of domme dingen over anderen te zeggen. Ik heb helemaal geen zin om anderen af te branden.'

Daarna: 'Het is toch eigenlijk heel debiel dat volwassenen met je op de foto willen? Wat voor leven heb je dan? Van kinderen begrijp ik het, dat doe ik ook altijd. Maar volwassenen? Flikker op zeg. Wist je dat ik de luxaflex hier altijd halfdicht heb vanwege mensen die naar binnen staren omdat ze weten dat ik hier zit? Ik vind het ook irritant als mensen me aanraken of als ze me gaan commanderen van: "Theet, kom eens hier!" Ik denk dan: ik ben jouw Theet helemaal niet, gek.'

Zijn dochter: 'Mama werd helemaal leip als er mensen aanbelden.'

'Ik ben weleens op verzoek naar een begrafenis gegaan. Doe ik niet meer. Dan gaan ze zich aan je vastklampen en zeggen hoe geweldig het is dat je er bent. Er is er ook eentje geweest die ging met een shirtje van mij op de kist. Dat heeft me zo aangegrepen. Andermans verdriet is niet jouw verdriet, maar het gaat je op een gegeven moment toch niet in de kouwe kleren zitten.'

'Mama zei gewoon "Doei" en deed de deur dicht.'

Theo: 'Hé, we hebben het vandaag nog helemaal niet over roken gehad. Het kost me echt nul moeite om gestopt te zijn. Je moet gewoon een knop omzetten in je hoofd, dan is het klaar. Ik vind het ook helemaal niet knap dat jij gestopt bent.'

'Nou, ik wel. Ik ben nu verslaafd aan nicotinetabletten.

'Ja, dat zal wel. Is dat waar je de hele tijd op zit te knagen?'

Theo begon over zijn terugkeer naar Vitesse. Het eerste jaar stonden ze tot de winterstop bovenaan.

'Met dat team hadden we meer moeten bereiken.'

Linda: 'Was wel een beetje raar. Eerst was ik gewoon supporter en daarna zat Theo opeens aan de eettafel bij ons thuis. Mijn broer dacht eerst dat het een grapje was.'

'Er bestaat een bepaald beeld van mij, ook onder Vitesse-supporters. Het is maar de vraag of haar vader me geaccepteerd zou hebben. Hij is helaas overleden.'

Linda: 'Het is heel irritant dat mensen denken dat Theo overal maar schijt aan heeft. Hij lijkt stoer, maar eigenlijk is het een lieve man. Een paar vrienden van mij gingen er, toen ze het hoorden van Theo en mij, meteen vanuit dat hij dus al wel zou zijn vreemdgegaan. Vond ik ook niet leuk.'

'Ik heb altijd wel voor leuke interviewtjes gezorgd, beter dan gemiddeld. Als je *VI* openslaat, zie je drie keer hetzelfde. Allemaal doorsnee-interviewtjes. Ik zei tenminste nog dingen. Bijvoorbeeld: "Ik ga naar Italië" – dat klopte wel, maar ik ging er gewoon naartoe voor vakantie.'

Linda had in de zomer de Alpe d'Huez beklommen. Ze leeft gezond en doet veel aan sport.

Theo: 'Best grappig dat ik de ex-topsporter in huis ben. Ik denk dat ik de Alpe d'Huez ook nog wel op kom.'

Linda: 'Een keer lukt wel, denk ik.'

'Als je beroepssporter bent geweest, kun je tegen jezelf zeggen: "Dit wil ik, dus het lukt ook." Ik ben mentaal zo sterk dat het lukt.'

'Een berg is toch anders dan een voetbal.

'Het hoeft toch niet binnen anderhalf uur?'

Linda: 'Je lichaam moet ook mee omhoog.'

'Wat wil je over mijn lichaam zeggen?'

Linda: 'Dat fietsen makkelijker is als je minder zwaar bent.'

Zijn dochter: 'Hij is gestopt met roken, maar hij was wel de verslaafdste roker die ik heb gekend.'

'Eigenlijk wel wonderlijk dat jij met jouw levensstijl topsporter bent geworden. Niet lullig bedoeld.

Zijn dochter: 'Hij heeft zich nu helemaal herpakt met de levensstijl van vroeger. Bewegen was hij ook nooit een fan van. Warming-up vond je echt niets.'

'Klopt wel. Behalve voetballen vond ik niets leuk. Ik speel nu op vrijdagavond met wat vrienden.'

Linda: 'Ik ben wezen kijken. Je beweegt niet, maar de ballen komen wel aan.'

'Ik ben gewoon nog luier dan ik al was, maar ik geef nog steeds goede passjes.'

Linda: 'Ze spelen op een half veld.'

'Eigenlijk is het net de Eredivisie, daar kon ik ook met minimale inspanning meekomen.'

Linda: 'Ze geven je nu ook echt de ruimte, hè? Ze durven niet echt op je in te vliegen zoals ze bij de rest wel doen.'

'Dat is dan respect. Maar in de Eredivisie bleef ik toch ook overeind. Ik heb altijd gerookt, ik was nooit topfit, ik had altijd een klein buikje. Ik zag er wat anders uit dan de spelers om me heen.'

'Misschien dat je daarom zo populair bent. Jij was de laatste voetballer in wie supporters zich konden verplaatsen.

'Behalve bij Vitesse dan. Ik ben tenminste nooit gekozen tot Vitessenaar van het jaar. Laatst was ik in het supportershome, kwam er eentje naar me toe die zich excuseerde omdat er niks van mij hing. "Kunnen we iets naar je vernoemen?" vroeg-ie. "Doe dan maar de rokersruimte," heb ik geantwoord, maar dat mocht niet van de club. Misschien dat ze een foto van mij in de rokersruimte kunnen hangen. Er is een heel mooie van mij op internet, met een sigaretje en een biertje. Wist je trouwens dat ik op geen enkele kampioensfoto van Ajax en FC Twente sta? Weet je hoe dat komt? Omdat ik terwijl de rest met die schaal bezig was met de materiaalman zat te roken. Dat vond ik altijd lekker na een wedstrijd. Dan kwam-ie extra goed binnen. Toch? Na het sporten.'

'Ik sportte niet zoveel.

Theo: 'Nu wel zeker.'

'Het droeg wel bij aan het stigma dat ze over jou hebben.

'Ja, daar hebben we het weer: uitgesteld nadenken. Ook toen ik op die snelweg flikkerde om bier te halen... Ik had ook onder die bus kunnen komen. Dan was het gewoon klaar geweest. Was wel een mooi einde geweest.'

'Dat was goud geweest.

'Ik kwam wel terug met een tray bier.'

Zijn dochter: 'En toen lachte iedereen je uit.'

Theo tegen zijn dochter: 'Ik ben wel benieuwd naar dit hoofdstuk. Dat is dankzij jou echt een stuk leuker geworden. Wil je nog iets zeggen als afsluiter? Want ik trap 'm er zo uit. Mij vergelijken met een frikandel of zo?'

'Nee, niet met een frikandel...'

'Wat dan? Een natte tosti? Een uitsmijtertje?'

Zijn dochter tegen mij: 'Ik vind hem een broccoli omdat hij een groot hoofd heeft.'

Theo, wijzend naar mij: 'En hij dan? Een drumstick?'

Zijn dochter: 'Nee, eerder een kroket.'

Linda: 'Waarom hebben we het over eten?'

'Het wordt een boek met meerdere lagen.

Linda: 'O, ik zou zeggen: frikandel.'

Theo: 'Omdat ik zo vlezig ben?'

Linda: 'Nee, omdat je zo van frikandellen houdt.'

Het gesprek ging nog even door. Bij het afluisteren van

de opnames hoorde ik de volgende etenswaren voorbijkomen: fles ketchup, mayonaise, visstick, spinazie, wortel... Het maken van een vervolgafspraak was niet makkelijk.

Theo: 'Werk eerst dit maar even uit, misschien heb je dan al genoeg.'

Ga maar weer lekker schrijven

Ik ging met Theo en fotograaf Martijn van de Griendt naar Boekhandel Hijman Ongerijmd, waar Theo in de boekensalon zou poseren. Hoofd verkoop Marleen Pelle kwam Theo een hand geven. Hoewel ze niets met voetbal heeft, was er meteen een klik. Marleen informeerde of Theo voor het eerst in een boekwinkel was.

'Nee, natuurlijk niet,' zei Theo, 'maar ik loop er de deur niet plat.'

Marleen zei dat ze verwachtte dat ons boek het bestverkochte boek van het jaar zou worden. Theo Beneder, de eigenaar, kwam ook een handje geven.

Marleen: 'Theo, dit is Theo.'

Theo: 'Is dit een grap of zo?'

Theo Beneder: 'Nee, ik heet ook Theo, Theo.'

Theo tegen mij: 'Laat jij hem wel even uit het boek? Anders wordt het voor de lezers te ingewikkeld.'

Theo tegen Theo Beneder: 'Hij werkt met verhaallijnen, chronologisch. Toch, Marcel? Van het begin tot nu. Daarin is maar ruimte voor één Theo. Jij bent trouwens wel heel anders dan alle andere Theo's die ik ken.'

Marleen nam Theo mee naar het sportboekenhoekje.

Theo pakte de boeken die er lagen een voor een vast.

'*Kieft* kunnen we hebben, *Gijp* ook. Wat is het voor de rest trouwens een rotzooi. Wat zien die boeken er slecht uit, zeg. Ik mag hopen dat die fotograaf van jou er wat beters van bakt. Waar is hij trouwens?'

Marleen: 'Die is boven de boel aan het opbouwen. Hij vond onze muur heel mooi.'

Theo: 'Daar gaan we al, hij vindt de muur mooi.'

Marleen: 'Wil je misschien een kopje koffie? We hebben een koffiemachine bij de leestafel.'

Theo: 'Toe maar, toe maar... Ja, ik lust wel een kopje. Koekje erbij ook nog?'

Marleen: 'Ja, ook nog een koekje. Zandgebak, zelfgebakken.'

Theo: 'Door Theo? Wat is trouwens een goed verkopend boek?'

Marleen legde hem De Bestseller 60 uit, de lijst van bestverkochte boeken die wekelijks wordt bijgewerkt.

Theo: 'Wie staat er op één?'

Marleen keek op de computer.

'*Het Pioppidieet*, dat is een receptenboek.'

Theo: 'Geintje of niet?'

'Nee, echt.'

'En hoeveel verkoop je er daar dan van? Op een dag?'

'Acht.'

'Wat is dat voor iets treurigs? Acht boeken en dan sta je al boven aan de ranglijst? Hier gaan wij zeker signeren. Ik heb geen zin om met hem in al die boekhandels te zitten, maar dit vind ik gewoon zielig.'

Marleen: 'Van jouw boek gaan we er wel meer verkopen, hoor.'

'Ja, hè hè.'

Ik vertelde dat Marleen bijna in het boekenpanel van de DWDD had gezeten, maar dat ze zelf op het laatste moment had afgehaakt.

Theo begreep dat wel. 'Jij dacht ook: ik zit hier al de hele dag met dat oude mannetje, die andere Theo, Theo 2 zeg maar, en dan ga ik niet ook nog 's avonds naar Amsterdam. Als dat panel er is, zap ik altijd meteen weg.'

Tegen mij: 'Niet als wij er zitten natuurlijk.'

Marleen: 'Daar staan de geschiedenisboeken, daar staat de literatuur en dat is Valentijn, een van mijn collega's. Die zit ook al jaren in het boekenvak.'

'Ja, dat zal wel. Wel lekkere koffie. Krijg je iets van me? Of is het gratis? Echt? O, dan ga ik hier voortaan vaker koffiedrinken. Lekker over het boekenvak lullen.'

Marleen: 'We hebben echt wilde plannen. Wil je komen signeren?'

'Nou, dat zijn wel echt wilde plannen inderdaad. Heb ik toch al gezegd?' Knikkend naar mij: 'Moet hij ook mee?'

'Nou ja, hij is de schrijver.'

Theo: 'We zijn al bijna klaar, toch? Ik heb echt zin om er

een punt achter te zetten. Hij wil nog een keer mijn huis zien, een keertje naar mijn moeder, naar Amsterdam en dan klaar. Wordt zij ook een personage met een spanningsboog? Op driekwart worden boeken spannend, zei je toch?'

Tegen Marleen: 'En daar kom jij om de hoek kijken... Wat vind je van de schrijver? Van hem?'

Marleen: 'Dat is de beste voor dit project. Hij heeft ook weleens over ons geschreven, meerdere stukjes.'

'Klopte het?'

'Niet helemaal, maar dat is bekend. Alles was een beetje uitvergroot.'

We gingen naar boven waar fotograaf Martijn klaarstond.

Theo: 'Ik wil het liefste op de plee zitten met een van zijn boeken.' Tegen Marleen: 'Heb jij het boek *Schijt* hier liggen? Of verkoop je geen slechte boeken?'

Op het platte dak naast de boekensalon waren twee schilders bezig.

Marleen: 'Let maar niet op hen.'

Een van de schilders: 'Let maar niet op haar.'

Hij bleek familie van Theo Janssen te zijn.

'Hoe heet je dan?' vroeg ik.

'Jansen met één s,' zei de man.

Theo zei dat het kon omdat er alleen al in Arnhem ongelooflijk veel verwanten van hem rondliepen. 'De hele stad zit vol familie. Ik denk dat ze allemaal dezelfde hobby hadden en dat er daarom zoveel van zijn.'

Het poseren voor de foto ging goed.

Theo was enthousiast over de foto's die Martijn telkens liet zien en kwam los. Omdat hij een groen T-shirt aanhad weigerde hij in eerste instantie om voor een rode muur te gaan staan.

'Vanwege NEC, dat zijn hun kleuren.'

Fotograaf Martijn: 'Waar heb je het over?'

Na afloop dronken we nog drie espresso's met Marleen bij het koffiezetapparaat. Theo had zin om een boek te kopen en kocht mijn bundel *Je moet opschrijven dat hier niets gebeurt*.

'Nou heb ik dus al twee boeken. Ik denk dat ik binnenkort een boekenkast ga kopen.'

Marleen: 'Ik vind dat in elke fatsoenlijke woonkamer een boekenkast moet staan.'

Theo: 'Nou, die gaat gewoon naar zolder, hoor. Ik vind: in elke fatsoenlijke woonkamer staat een televisie, een flatscreen. En een lekkere bank. Als ik vrij ben, lig ik het liefst op de bank. Vrouwtje erbij, *Expeditie Robinson* aan, of een kutserie van Netflix, klaar.'

We spraken af dat ik de zondag erop bij hem zou komen eten.

'Ik woon bij station Arnhem-Zuid, ideaal voor jou toch?'

Bij het afscheid vroeg hij aan Marleen of ze vrijgezel was.

'Ja, wel weer.'

'En daarvoor? Met een schrijver?'

'Ja.'

'Wel saai, toch. Hadden jullie het de hele tijd over boeken?'

'Het was een Vlaming.'

'Lachen.'

Theo liet foto's van hem en Linda zien die hij op Instagram had gepost. Een goede relatie bracht volgens hem rust in het leven. 'Ik voel me echt heerlijk, nu.'

Marleen: 'Fijn voor jou. En dan straks ook nog honderdduizend boeken verkopen.'

'Moet je wel wat harder gaan lopen, met je acht per dag.' Tegen mij: 'Nou, je hoort het: ga maar weer lekker schrijven.'

Gewoon bam-bam-bam, einde verhaal

We hadden afgesproken bij Hotel Haarhuis, maar Theo bleek met Ester en Jorgos op het terras van Arnhem Plaza Steakhouse & Grill te zitten. Daar kwam ik pas na tien minuten achter. Ester had onderweg broodjes met zoetigheid – 'kleefbrood' – en een soort worstenbroodje voor ons gehaald. Gek genoeg namen ze het mij kwalijk dat ik maar gewoon was gaan zitten op de afgesproken plek. Ik had toen ik ze niet zag, toch ook op de andere terrassen kunnen gaan kijken?

Ester: 'Je weet dat Theet nooit te laat komt, Mars...'

Ze had ook een bevriende journalist van *De Gelderlander* getipt dat er een boek van Theo en mij aankwam.

'Heeft hij lekker de primeur, leuk toch?'

Daar belde hij al.

Ester: 'Ik zal het effe vragen...'

Daarna: 'Mars, kun je straks de cover mailen? En hebben jij en Theo straks zin in een dubbelinterviewtje?'

'Niet echt.

Theo: 'Echt niet.'

Ester tegen mij: 'Doe toch effe normaal, dat is toch alleen maar leuk?'

'Waar moet ik het over hebben dan?' riep ik verontwaardigd. 'Er is nog helemaal geen boek.'

Ester: 'Over het schrijf-pro-ces, slimmerik!'

Theo tegen mij: 'Doe maar rustig. Wil je een kopje koffie?'

'Ja graag. Met suiker.

Ester: 'Even een lang verhaal kort: Marco Bouman van *De Gelderlander* gaat jou straks bellen.' Daarna, bijna dreigend: 'En je doet normaal, want het is een vriend!'

Theo: '*De Gelderlander*, die kunnen helemaal niks. Altijd gezeik.'

Ester: 'In de tijd van Borgo [sportjournalist Gerard Borgman, MvR] niet hoor, maar nu zit idioot 1.0 [Lex Lammers, MvR] op Vitesse. Wat een broekenpoeper is dat.'

Theo: 'Dat komt toch wel in het boek?'

'Ja, als ze me straks bellen, ga ik dit zeggen. Weten ze meteen wat voor boek het wordt.

Ester: 'Jezus, heb ik de tactiek van de verschroeide aarde aan mijn reet hangen? Elke keer als ik me ergens mee bemoei wordt het niet op prijs gesteld. Terwijl ik er toch ook maar bij ben gevraagd.'

Jorgos kwam broek ophijsend het terras op lopen, hij was naar het toilet geweest en deed verslag. Hij pakte heel toepasselijk een stuk kleefbrood.

Ester: 'Neem er effe een servetje bij dan. Nou kleef je helemaal.'

Jorgos: 'Maakt mij niet uit of ik kleef, echt niet. Iedereen kleeft. Iedereen is plakkerig.'

Jorgos zei dat de dochter van Theo toen ze klein was zijn telefoonnummer uit het hoofd kende. 'Zij at alles wat je gaf: octopusjes, inktvisjes. Een goed kind. Ik weet zeker dat zij de zaak ook mist, dat vertrouwde sfeertje.'

We hadden het nog even over de actualiteit. In Arnhem waren die middag drie mogelijke terroristen gearresteerd.

Ester: 'Lekker dan, Arnhem is een echte jihad-stad zegt *De Telegraaf*.'

Jorgos begon aan een verhaal over man-tegen-mangevechten.

'Gewoon bam-bam-bam. Einde verhaal.'

Ester: 'Eentje bij mij in de buurt, de rest in die nieuwe woningen bij Het Broek.'

Theo: 'Ze blazen toch nooit hun eigen gebied op, dus dan zit mijn familie wel veilig.'

Ester: 'Ik dacht meteen aan GelreDome, dat is natuurlijk een ideale plek voor een aanslag.'

Theo: 'Hoezo? Daar zit geen kip.'

Jorgos: 'Kip. Ik werkte meer met vis dan met kip.'

'Als ze GelreDome hadden opgeblazen hadden we nu wel een leuk ander stadionnetje gehad.

Ester: 'Ja, lekker terug naar Noord. Maar voor zo'n ding

er staat, moet je wel een jaartje voetballen in De Goffert. Dan heb je na zo'n aanslag weer meteen een veiligheidsrisico.'

Theo: 'AGOVV. Bestaat dat stadionnetje nog?'

Ester: 'Berg & Bos? Alleen nog een tribune.'

Theo: 'Gewoon weer op Nieuw-Monnikenhuize gaan spelen. Al die lelijke huizen platgooien.'

Ester: 'Staan er eigenlijk primeurs in het boek?'

Ik kon me niets herinneren.

Theo: 'Echt niet.'

Ik vroeg of hij zijn hoofd had gestoten, want op zijn voorhoofd zat een bult.

'Nee, is een vetbult. Die ziet iedereen pas als de zon erop schijnt. Op mijn buik heb ik er ook een.'

Ester: 'Die kun je toch laten leegzuigen?'

Theo: 'Ze storen me niet. Ze doen het ook goed op foto's. Vaak zeg ik dat ik een bal heb weggekopt.'

Ester: 'Ik vind dit wel een onthulling, hoor.'

Theo vertelde dat hij gisteren een paar rake tweets had geplaatst over *Expeditie Robinson* en dat een ervan was geliket door Nico Dijkshoorn.

'Dus ik kan ook heus wel schrijven.'

Hij vond het een leerzaam programma.

'Het gaat over teamprocessen. Hoe intriganten werken en dat soort dingen. In iedere groep heb je verraders.'

Jorgos: 'Wie is die Tony? Tony Peroni Junior?'

Hij had het over dj Tony Junior, een van de deelnemers aan *Expeditie Robinson.*

Theo: 'Die met die gekke tatoeage op z'n rug, 'Claessens' staat er. Wat een sukkel is dat. Die zou ik echt niet opstellen in mijn team. Halvegare. Ik ben ook weleens gevraagd voor dat programma. Heb ik toch even getwijfeld.'

Ester: 'Je mag daar niet eten, toch? Ik ben zelf ook een keer naar Thailand geweest om mijn lijf te ontgiften. Dan halen ze je dus echt helemaal leeg. Patty Brard maal drie.'

Theo: 'Daarom wilde ik niet. Als ik niet eet, word ik slap. Ik ga niet een maand water eten. En de hele dag camera's wil ik ook niet. Dan weet ik precies hoe het gaat. Dat is hetzelfde als met dat programma *24 uur met*. Dat hou je drie, vier uur vol, maar na een uur of negen begin je toch dingen te zeggen die je eigenlijk niet wilt zeggen.'

'Dat is de formule.

Theo: 'Daarom.'

Ester: 'Dan zie je de camera's niet meer.'

Ik zei dat ik meedeed aan *De Slimste Mens*.

Ester: 'Mars, daar moet je je op voorbereiden hoor.'

Jorgos: 'Moet ik je supporter zijn?'

Ester: 'Ik denk niet dat ze jou daar binnenlaten.'

Theo: 'Je moet ons boek dan meenemen.'

'Dat is dan nog niet af, Theo.

'Ja, maar we hebben toch een foto van de cover? We laten een T-shirt drukken met die foto erop.'

Tegen Ester: 'Regel dat effe.'

Ester: 'Ja, daag. Ik ben wel even klaar met regelen. Als ik wat regel, krijg ik een grote bek van een van jullie.'

'Dat is omdat jij niet regelt wat wij willen.'

'Ik wil nu geen interview in De Gelderlander. *Pas als het boek in de winkel ligt, wil ik dat. Bovendien: wat weten zij van schrijfprocessen?*

Theo: 'Ze kunnen helemaal niet schrijven.'

'Dank je wel, Theo.

Ester: 'Marco kan echt wel schrijven.'

Theo: 'Hoeveel boeken heeft hij dan geschreven?'

Daarna tegen mij: 'En jij, Mars?'

Hij had zin in ons etentje in Amsterdam.

'Zullen we die vrouw van de boekhandel ook meevragen? Marleen. Die andere Theo, dat kaboutertje, niet. Maar zij is wel leuk voor erbij, toch?'

'Kun jij beter met vrouwen dan met mannen?

'Met een vrouw erbij ben ik meer mezelf, wat relaxter. Bij mannen heb ik meer het gevoel dat ik scherp moet zijn.'

Ester: 'Als je in je Vitesse-tijd werd geïnterviewd door een vrouw, gingen bij mij alle alarmbellen af. Dan zei je vaak veel meer.'

Theo tegen Ester: 'Op jou reageer ik meer zoals ik op een man reageer. Ik zie je wel als vrouw, maar ik reageer soms op je alsof ik met een man te maken heb.'

'Misschien omdat je mij kent uit de voetbalwereld, een mannenwereld. Ik ben ook beter met mannen dan met vrouwen. Dat komt: mentaal ben ik een man, maar ik heb de gevoeligheid van een vrouw, een lastige combinatie. Goed, het boekenvrouwtje eet dus ook mee. En jij kiest het eten. In Amsterdam. Wat is jouw lievelings?'

'Het allerlekkerste eten in Arnhem vind ik de broodjes shoarma van Piramide. Ik krijg er wel altijd diarree van, dus er is daar wat mis. Maar lekker is het wel.

Theo: 'Ik eet daar altijd pitabroodje oude kaas.'

Jorgos ging een rondje door de stad lopen. Ik moest een andere keer maar terugkomen voor het voorwoord. Hij begreep wel dat ik er de vorige keer niets van had verstaan.

Jorgos: 'De volgende keer ben ik wel rustig, echt. Dan ga ik normaal ar-ti-cu-le-ren.'

Ik liep met Theo naar de boekhandel.

Bij binnenkomst viel zijn oog, toevallig, op mijn columnbundel over Arnhem: *Geen brug te ver*.

Hij bladerde erin en zei dat hij het boek ging kopen.

'Ik zie heel veel witte bladzijdes, kun je er leuk iets in schrijven.'

Ik pakte een pen bij de kassa en schreef er 'Voor Theo' in.

Theo: 'Alsof je hem aan mij geeft. Ik heb 'm toch gekocht?'

'Zal ik er 'van Theo' van maken?

Andere Theo zag ons bij de kassa en kwam een praatje maken.

'Wat zijn jouw lievelingsboeken, Theo?' vroeg de andere Theo.

Theo: 'Die heb jij niet?'

Andere Theo: 'Misschien wel.'

Theo: 'Dat zijn boeken die als je ze drie maanden niet aanraakt vanzelf ontploffen.'

Andere Theo trok zich terug achter de kassa, wij zochten en vonden Marleen die het omslag op Instagram had gezien. Ze vond het prachtig.

'Een beetje smoezelig, heel fijn. Hebben ze goed gedaan!'

Theo: 'Jij bent ook verkouden! Ik ook!'

Marleen: 'Ja, toevallig. Van dit boek gaan wij er heel veel verkopen.'

Theo tegen mij: 'Wordt het eigenlijk een dik boek?'

'Hangt ook een beetje van jou af.

Theo tegen Marleen: 'Wat heb jij liever: een dik of een dun boek?'

Marleen: 'Ergens ertussenin.'

Theo: 'Als het je niet lukt, kunnen we toch in het midden wat bladzijdes wit laten? Daar kunnen mensen dan zelf schrijven wat ze van mij vinden.'

'Teken je eigen Theo.

Marleen: 'Op zich grappig.'

Theo: 'Maar even serieus: hoeveel bladzijdes zullen we wit doen?'

Ik zei dat ik zin had om een scheet te laten, maar dat het niet lukte. Daar werd verder niet op gereageerd.

Theo: 'Doe mij maar een dubbele espresso!'

Ik zei dat we aan het eind van de maand uit eten gingen

in Amsterdam en dat het de bedoeling was dat Marleen meeging.

Theo: 'Je moet, anders gaan we signeren in die andere boekenzaak. Die concurrent. Hoe heet dat ding?'

'Het Colofon.

Theo: 'Wat een domme naam. Ik vind jullie naam veel mooier.'

Marleen: 'Hijman Ongerijmd, we zijn echt een winkel met een geschiedenis.'

Theo: 'Een beetje als Vitesse. Heel lang bestaan, maar niet echt opvallen.'

Marleen: 'Maar dat gaat nu veranderen, Theo...'

Ze zei dat ze van plan was om ons boek groots aan te pakken. Ze dacht aan een rode loper vanaf het station tot in de boekensalon waar wij dan achter een tafeltje zouden zitten om te signeren.

Theo: 'Goed plan, Marleen! Is er dan ook bier bij?'

Marleen: 'Bij de boekpresentatie wel.'

'Bij ons etentje ook! Regel maar een busje naar Amsterdam om iedereen in te laden, want we gaan wel zuipen. Komt de dochter van de klootviool ook?'

Marleen: 'Wie is dat?'

'Marieke Derksen.

Theo: 'Als je ziet wat die mij allemaal appt... Gisteren vroeg ze weer of ik al weet waar het boek over gaat, want ze moet een foldertje vullen of zo. Nou, ik heb geen idee. Ik heb gezegd dat we al maanden bezig zijn en dat dat nog steeds onduidelijk is, maar dat we wel naar elkaar toegroeien.'

Marleen: 'Het gaat dus nergens over.'

Theo: 'Ester is wat mij betreft ook een soort rode draad. Marcel zegt dat mijn dochter goede humor heeft, een scheutje Jorgos eroverheen… jij… m'n moeder een beetje. Misschien kaboutertje Theo die hier de hele tijd rondloopt. En dan een beetje roeren en klaar.'

Marleen: 'Klinkt goed.'

Theo tegen mij: 'Je hoort het, we zijn bijna klaar.'

Marleen zei dat ze Luxor in Arnhem een goede plek voor de boekpresentatie vond. 'Het heeft een cafésfeer, het is niet te statisch, je hebt een goed podium. Is er iemand aan wie je het boek zou willen geven, Theo?'

'Corry Konings. Zeker na wat er gisteren is gebeurd in *Expeditie Robinson*. Heb je het gezien?'

Marleen: 'Ik weet niet waar je het over hebt.'

Theo: 'Oké dan. Laten we het erop houden dat Corry niet echt heel netjes is behandeld. Ze is eigenlijk gewoon voor lul gezet door iemand van 22. Die schold haar helemaal uit. Ze kroop daarna wel het biechthokje in, want ze had toch wel spijt. Ze werd ook helemaal afgemaakt door haar eigen moeder. Dus dat was dan wel weer rechtvaardig.'

Marleen: 'Ik noteer met potlood Corry Konings. Maar met dit boek loopt het dus wel…'

Theo: 'Het schiet al aardig op. Nog een etentje en een

keertje naar mijn moeder en dan heeft hij het wel. Waarom noem je deze winkel als het boek er is niet gewoon Theo Janssen-winkel?'

Marleen: 'Een soort pop-upstore. Helemaal geen gek idee.'

Theo had Robbie Jansen (geen familie), zijn sociale media-adviseur, ontslagen. Hij had er best lang over nagedacht want het was een aardige jongen.

'Ik kan het ook zelf. Nu was ik ook wel weer veel tijd kwijt aan het herstellen van geplaatste berichten. Jij was toch ook niet enthousiast?'

Ik had al spijt.

'Hij had toch ook een logo voor je ontworpen?' vroeg ik. 'Dat zag ik overal terug. Zo'n T met een J eroverheen. Het zat zelfs op de foto's van Martijn. Ik zet toch ook geen handtekening onder een schilderij van Rembrandt.'

'Niet? Zou ik wel doen.'

'Hoezo heb jij überhaupt een logo?'

Theo: 'Ik vond het wel grappig.'

Marleen: 'Ja, grappig was het wel. Waarom heb ik geen logo?'

Theo: 'Je weet wie je moet bellen. Serieus, het is een aardige gast. Ik kan hem aanbevelen.'

Marleen: 'Ik vind het nog te vroeg voor een logo.'

Ik vroeg aan Theo of hij nu zelf twitterde en ook of hij nog even wilde wachten met het communiceren van een verschijningsdatum van het boek.

Marleen: 'Ik noteer het met potlood.'

Theo: 'Ik noteer het met een dikke stift. Een beetje druk op de ketel, anders gebeurt er niets.'

Daar was Marleen het dan gek genoeg weer mee eens. Later, toen ik haar erop aansprak, zei ze te hebben gehandeld uit eigenbelang.

'Anders kunnen we het net zo goed over tien jaar doen.'

Theo moest niezen.

'Ik ben allergisch voor boeken.'

'Hé,' wees Marleen naar een tatoeage van Theo, 'hier staat ook een soort van logo.'

'Goed gezien,' zei Theo. 'Het zijn de eerste letters van de naam van de ex en van de dochter en de 'T' van 'Theo'. En dat dan in elkaar gedraaid.'

Hij sprak over de scheiding en hoe hij in de weken dat hij zijn dochter heeft het gezin draaiend houdt.

'Dan is zij het belangrijkst. Dan zorg ik dat het huis schoon is en dat er genoeg groente en fruit is. Dat ik er voor haar ben. De week erop kan ik dan weer losgaan.'

Marleen: 'Ik heb geen kinderen, maar eigenlijk lijkt het me alleen met die constructie, een week op en een week af, leefbaar.'

Theo met een hoofdknik naar mij: 'Je ziet aan hem wat er gebeurt als je dat niet doet. Dan heb je geen tijd meer over om te schrijven.'

Marleen: 'Je mag altijd boven de boekwinkel gaan zitten. Daar is een lege ruimte.'

Theo: 'Dat klinkt ideaal. Is misschien wel handig, toch?'

Daarna rekte hij zich uit. 'Zullen we nog een rondje door de stad lopen? En dan is het wel mooi geweest. Kun jij lekker boven de boekhandel gaan zitten, haha.'

Ik zei dat ik de week erop een weekje op vakantie ging. Naar Terschelling.

Theo: 'Toe maar. Heel goed, even lekker een weekje ertussenuit.'

Marleen: 'En daarna lekker typen, want bij de boekhandel hebben we ook een planning.'

Theo: 'Ja, ga niet te lang weg.'

Theo tegen Marleen: 'Hé, ik neem nog een espressotje mee voor onderweg. Het is toch gratis? Ik moet toch wachten op dat boek.'

Ik zei tegen Marleen dat ze zich de dag dat ik Theo Janssen had binnengebracht nog lang zou heugen.

Theo: 'Vanaf nu kom ik iedere dag langs. Weer een leuke tussenstop erbij. Ik heb een zwerver hier in Arnhem die ik superlief vind, als ik hem zie geef ik hem altijd vijf euro. Die neem ik de volgende keer gewoon mee.'

Marleen: 'Dat soort mensen hebben we al best veel. We hebben ook een man die hier drie keer per dag gratis chocolademelk komt drinken. Niet opschrijven, hoor.'

'Hoe vaak er tegen mij bij dit project 'niet opschrijven hoor' wordt gezegd... Ik ga er niet meer naar luisteren.

Theo: 'Je hoort het, hij schrijft het toch op.'

We liepen door de stad.

Naar platenzaak Waaghals waar mijn goede vriend Gijs Volman werkt.

'Die heeft al dertig jaar een seizoenkaart van Vitesse.

Theo: 'Zo ziet hij er niet uit, hij heeft helemaal geen wallen onder de ogen.'

We passeerden Het Colofon, de andere boekhandel.

'Hier doen we dus helemaal niets,' zei Theo. 'Die moeten kapot, toch?'

'Nou, kapot...'

'Nee, we zijn nu voor Marleen. Zij is Vitesse, dit is eh... NEC. Ook een leuke club, maar niet onze club.'

Tegenover het nieuwe filmhuis, een gebouw waar hij niet direct warm voor liep en waarvan hij niet wist of het wel een aanwinst was voor Arnhem, dronken we nog een kop koffie.

'Ik sta stijf van de cafeïne.

Hij bestelde binnen een groot brok appeltaart voor me.

'Dat helpt.'

Op de terugweg liepen we Marco Bouman van *De Gelderlander* en twee collega's tegen het lijf. Hij had al zes keer vergeefs geprobeerd me te bellen.

Theo: 'Dat is ook Arnhem. De journalisten lopen je gewoon achterna op straat. Weet jij ook eens hoe dat voelt.'

In *De Gelderlander* verscheen de volgende dag een nieuwsbericht.

Theo Janssen werkt met Marcel van Roosmalen aan boek: Op pad met de Dikke Prins.

ARNHEM – Marcel van Roosmalen werkt aan een boek over Theo Janssen. Maar je moet een broedende kip niet storen. Dus vraag de schrijver vooral niet wat voor boek het wordt.

De titel van het boek is er al, Op pad met De Dikke Prins. De omslag is ook al af. Wanneer het uitkomt? Dat is nog niet duidelijk. 'Ik hoop begin december. Ik moet het boek nog afmaken,' zegt geboren Arnhemmer Van Roosmalen. Eigenlijk vindt hij het onzin. Praten over een boek dat er nog niet is.
'Misschien krijg ik wel een hartaanval en komt het er nooit,' zegt hij. Van Roosmalen heeft net een praatsessie met Theo Janssen afgerond tijdens een wandeling door de Arnhemse binnenstad. De oud-speler en tegenwoordig jeugdtrainer pratend, de schrijver met zijn dictafoon in de aanslag.

Waar ze over spraken? 'Over van alles.' Van Roosmalen praat liever als het boek af is. Nou ja, dat de drie journalisten van De Gelderlander die hem en zijn onderwerp in de Ketelstraat aanspraken in het boek komen, dat wil hij nog wel kwijt. 'Dat hebben we al besproken. Jullie krijgen een minieme bijrol.' Meer vertelt hij niet.

Je moet een broedende kip niet storen?

'Nee, en je moet zeker niet alvast de eieren pakken.'

Wat wordt het voor boek?

'Een boek over Theo Janssen. Zo'n boek wordt het.'

Maar je hebt met Schijt in 2014 toch al een boek geschreven over Theo Janssen?

'Dat was geen boek over Theo Janssen. Het was meer een verslag van een jaar Vitesse, een boek over het laatste seizoen van Theo Janssen en Ester Bal bij de club, aangevuld met verhalen uit mijn eerdere boeken over Vitesse. Op pad met De Dikke Prins wordt echt een boek over Theo Janssen, over hoe hij in het leven staat.'

Vanwaar die titel eigenlijk: Op pad met De Dikke Prins?

'Zo noemden we Theo vroeger voor de lol.'

Je hebt vijf boeken op je naam staan over Vitesse. Ooit heb je gezegd: 'Ik schrijf niet meer over de club.'

'Ik bedoelde dat ik de club nooit meer een seizoen lang zou gaan volgen. Dit is geen boek over Vitesse, dit gaat over Theo Janssen. Theo is een icoon van Arnhem. Hij verdient een volwaardig boek.'

Dit is de snelste route, lul

We spraken af in Hotel Haarhuis tegenover het station, daar dronk mijn vader vroeger koffie.

'Waar zat hij dan?' vroeg Theo.

'Daar,' wees ik, 'maar dat is nu niet meer de bedoeling.'

We gingen er toch zitten.

'En dan?' vroeg Theo.

'Dan niks,' zei ik. 'Hij keek uit het raam.'

Theo was naar kappers geweest – meervoud.

'Ik vond het elke keer net niet, ken je dat? Ging ik even door naar een andere kapper. Bij de derde had ik zoiets van scheer het er nu maar af. Nu is het dit.'

Daarna wandelden we door het winkelgebied naar het huis van zijn moeder, die had nog foto's van vroeger. Onderweg trakteerde hij op Hema-worst. Af en toe groette hij iemand.

'*Wie was dat?*'

'Weet ik veel, ik doe maar zo vriendelijk mogelijk.'

Ik vroeg hem wanneer hij voor het laatst had gehuild.

'Ik denk een paar dagen terug nog. Ik moet huilen van sommige televisieprogramma's.'

'Welk programma?

'Hello Goodbye.'

'Huil je ook weleens om muziek?

'Ja, ook. 'Crying in the Chapel' van Elvis Presley, daar hield mijn vader van. Als ik dat nummer hoor, zoek ik het daarna op Spotify om het nog een keer te kunnen luisteren.'

'Jij zegt: 'Ik lijk op mijn vader', maar tegelijkertijd klinkt in wat je zegt ook door dat je niet tegen hem opkeek.

'Mijn vader was een aparte man, hij heeft vooral voor zichzelf geleefd. Hij heeft de laatste jaren genomen zoals ze voorbijkwamen. Hij hield wel van mijn moeder, maar hij liet dat nooit echt zien. Hij was in zijn vrije tijd vooral bezig met MSAV en daarna ging hij naar het Smulhuis. Het was niet zo dat we met problemen naar hem toe gingen. Ik ben sowieso niet zo'n prater. Dat merk jij ook wel, denk ik. Als ik zeg dat ik op hem lijk bedoel ik in zijn houding, zijn onverschilligheid ook. Als hij er onverwachts weer zou zijn, zouden we waarschijnlijk tegenover elkaar gaan zitten aan tafel, een biertje pakken en dan proosten. Ik zou knikken, hij zou knikken en dat was het dan. Hij heeft wel genoten dat ik bij Vitesse speelde, maar daar zei hij nooit wat over.'

'Heb je gesproken op zijn begrafenis?

'Het klinkt misschien gek, maar daar zat ik niet op te wachten. Ik ben wel met mijn oudste broer mee naar voren gelopen. Als hij niet uit zijn woorden zou zijn gekomen, had ik het overgenomen. Er zaten daar allemaal mensen van wie ik het merendeel nooit eerder had gezien. Ik zou iets hebben gezegd als: "Daar ligt mijn pa. Ik heb hem 36 jaar gekend. Het was een fantastische kerel. Hij hield van bier en van een slaatje." Mijn vader was ook geen prater. Hij kon ook een ongelooflijke zeikerd zijn. Als er kinderen binnenkwamen, kon hij zeggen: "Godverdomme, daar heb je die blagen weer." Hij vond de meesten van zijn kleinkinderen te veel aanwezig, gelukkig had hij geen last van mijn dochter.

Toen mijn vader overleed, ging ik nadenken over de zin van het leven. Wie wil ik nog om me heen hebben en vooral ook aan wie wil ik geen tijd meer verspillen?

Mijn vriendin heeft zes jaar geleden haar vader verloren. Als ik zie hoe verdrietig zij daar soms nog over is, hoeveel pijn ze daarvan heeft – dat heb ik helemaal niet. Bij mijn vader is euthanasie gepleegd. Tussen het moment van aanvragen en het daadwerkelijke spuitje zitten een dag of zeven. Dan heb je dus tijd om te kletsen, maar mijn vader schreef briefjes, die kregen we dan van mijn nichtje. De eerste alinea was voor iedereen hetzelfde, daaronder stonden dan twee zinnetjes aan de persoon. Ik moet die briefjes nog ergens hebben. Hij heeft gelukkig ook nog tegen mijn moeder gezegd dat hij van haar houdt.'

'Had je niet de behoefte aan een dieper gesprek?

'Dat zou heel raar zijn geweest, want we hadden nooit diepe gesprekken. We zaten te wachten tot het voorbij was, hijzelf ook.'

'Moest je huilen op zijn begrafenis?

'Nee, maar later in de auto wel, toen ik de muziek nog een keer hoorde. Vroeger huilde ik nooit. Om niets. Nu kan ik ook in een goed gesprek nog weleens...'

'Ik zou het wel mooi vinden als je straks om dit boek huilt.

Hij moest lachen.

'Bij de begrafenis van Theo Bos zag ik je ook huilen toen zijn dochtertje Lotte een woordje deed.

'Ja, jij toch ook?'

We liepen door de Steenstraat, volgens Theo met de Hommelseweg de mooiste winkelstraat van Arnhem. De stadsvernieuwing had er nog niet toegeslagen, boven de winkels waren vaak rommelige woningen. Eentje met slaapzakken in plaats van gordijnen voor de ramen, er hing ook ergens een Vitesse-vlag.

Theo: 'Ze doen maar wat, hier. Kijk, een grote winkel met alleen telefoonhoesjes, dat heb je in Amsterdam niet.'

Via het Spijkerkwartier liepen we het Statenkwartier in. Af en toe stopte Theo.

'Hugo de Grootschool. Fijne school. Vroeger. Met allemaal normaal gras eromheen, nu is er een schijtpark.'

Zijn eerste vriendin heette Deborah, ze was een buurmeisje. Daarna kwamen er een heleboel achter elkaar.

'Ik ben nooit echt lang alleen geweest. Toen was alles leuk en interessant, maar nu niet meer.'

Linda en de ex hebben gemeen dat ze beiden een hekel aan publiciteit hebben.

'Ze vinden het irritant dat we nooit eens ergens rustig op een terrasje kunnen zitten, dat er altijd mensen naar me toe komen die met me op de foto willen. Ik heb daar zelf niet zo'n last van. Ik vind het ook wel leuk om herkend te worden. Ik erger me wel aan mensen die zeggen dat ik iets 'moet' of als iemand me claimt.'

'Als ik zou zeggen: 'Dit is Theo, mijn vriend', zou je dat niet trekken.

'Zou ik heel irritant vinden.'

Hij nieste en zei dat het hooikoorts was.

'Ik heb het gewoon vanuit het niets gekregen. Lekker dan, dacht ik toen ik die ziekte kreeg. Ik sta altijd op gras. Ik heb pilletjes, maar die zijn op. Moet ik weer helemaal naar het Kruidvat.'

Ik zei dat Jari Litmanen ook hooikoorts heeft en vroeg of hij ooit in Las Vegas was geweest. Geen idee waarom die vraag in me op kwam.

Theo: 'Moeten we daarnaartoe dan?'

'Als het goed bevalt kunnen we miniboekjes gaan maken.

Theo: 'Een beetje lezingen geven.'

'Dat kan.

Theo: 'Oké, doen we dat erbij. Ik vind marketing interessant. Ik zat net te denken dat als we een paar keer door Arnhem lopen, we dan ook in reisboekwinkels kunnen liggen.'

We liepen snackbar De Schnitzel in. Theo was er jaren niet geweest. Het personeel, een volle nicht van VPRO-gezicht Sinan Can, herkende hem meteen.

Theo: 'Er is hier echt niets veranderd.'

Zij: 'Nee, waarom zou dat ook?'

Theo tegen mij: 'Neem maar wat. Wat moet je hebben?'

Zij: 'Kip?'

Ik: 'Nee, slaatje.'

Zij: 'Extra mayo?'

Ik: 'Nee.'

Theo: 'Wanneer ben ik hier voor het laatst geweest?'

Zij: 'Pffff, je moeder komt hier nog wel wekelijks. En je vader was hier iedere dag als hij terugkwam van zijn werk. Pilsje erbij, gingen we samen een sigaretje doen. Slaatje eten. Zaten we daar.'

Ze wees naar buiten, naar de plastic terrasmeubels.

'En waar hadden jullie het dan over?

Zij: 'Gewoon roken.'

We liepen door, kort daarop stonden we voor het huis van zijn moeder.

Theo: 'Waarom eet je nou zo snel je lekkere slaatje op?'

'Ik ga niet ergens aanbellen met een slaatje in de hand.

'We bellen niet aan,' zei Theo.

Hij had een sleutel.

Zijn moeder had een lief gezicht, ze ging ons voor. Theo wees op de fotogalerij in de huiskamer. 'Nou, dit zijn ze allemaal. De ex hangt er ook nog tussen met de dochter, die moet eigenlijk worden afgeplakt. Maar zolang we nog geen nieuwe foto van de dochter aanleveren, blijft ze nog even hangen.'

'Leuk, een familiewandje,' zei ik tegen zijn moeder. 'Heeft mijn moeder ook.'

Ze had de koffie klaar, buiten stonden stoelen. Ernaast een zelfgebouwde tent.

'De rookruimte.'

Ze stelde zich voor als mevrouw Janssen.

'Leuk dat we hier even langs mogen komen.

'Wel spannend. Nee, echt.'

Theo deed verslag: 'Nou, in dat boek komt niet zoveel te staan, hoor. We hebben een interview gedaan en gewandeld. Hij heeft net bij Schnitzel een slaatje van me gehad. Hij heeft het meteen opgegeten, net als pa eigenlijk, alleen dan zonder biertje erbij. Hij heeft ook nog een gesprekje gevoerd met die dochter van, hoe heet die gek ook alweer?'

Zijn moeder: 'Mustafa.'

'Ja, Mustafa. Jammer dat die er niet was. Dat was wel lachen geweest voor het boek. Hij neemt trouwens alles op met zijn telefoon, ma.'

'Maar ik doe er verder niets mee.

Theo: 'Hij doet er verder niets mee.'

Tegen mij: 'Vraag dan.'

'Wat was Theo voor een kind?

Theo: 'Eerlijk zijn, ma.'

Zijn moeder: 'Een rustig kind.'

'De rustigste van de vier?

Zijn moeder: 'De jongste was de slimste.'

'Hij is niet de jongste, hè?

Theo: 'Doe effe normaal. Hoe bedoel je "de slimste"?'

Zijn moeder: 'Ik bedoel: de ergste. Ik weet nog dat ik er maar twee wilde. Toen ik geholpen zou worden omdat ik niet meer wilde, raakte ik toch weer zwanger. En daarna nog een keer. En toen dacht ik: nou is het echt mooi geweest. Theo was de rustigste. Hij was altijd met een bal bezig, dus van hem had je weinig last. We hebben hem natuurlijk wel te veel verwend. Zijn tasje werd altijd voor hem ingepakt, z'n oudste broer bakte 's morgens een ei voor hem, hij deed eigenlijk niets zelf.'

'Hij had al vanaf het begin leiderskwaliteiten?

Zijn moeder: 'Ja, zo kun je het ook zeggen. Hij luisterde niet. Z'n vader hoefde maar te fluiten, maar ik moest tien keer roepen om hem binnen te halen.'

Ze had fotoboeken gezocht, waaruit we foto's voor het boek mochten halen. 'Scheur er maar uit.'

Ik zag veel verjaardagen, een huwelijksfeest en diverse sinterklaasvieringen voorbijkomen. Theo had al verteld dat zijn moeder niet veel uit huis kwam, dat ze zich soms eenzaam voelde en dat ze zenuwachtig was voor mijn bezoek.

'Ik begrijp van Theo dat jullie een speciale band hebben?

Zijn moeder: 'Ja.'

Theo: 'Ja, je moet het eruit trekken, hoor.'

Daarna schoot ze vol.

Theo: 'Dat is altijd zo.'

We dronken twee koppen koffie, en ze wist nog wel iemand voor een salontafel die hij weg wilde doen. Ze zei ook dat ze de laatste jaren niet meer naar uitwedstrijden van Theo was gaan kijken.

'Die van mij hield zoveel van een pilsje en dan was je te vaak afhankelijk van een ander.'

Er waren weleens spanningen thuis geweest, omdat Theo bijvoorbeeld wel een scooter kon kopen en zijn broers niet. Er was ook weleens gevochten wanneer er spelletjes waren gespeeld. Monopoly, Mens-erger-je-niet en kaarten. Het opvoeden van vier kinderen, gecombineerd met werk, was haar niet licht gevallen.

'Toen mijn man niet meer kon werken ben ik gaan werken, ook 's avonds. Op het laatst zat ik bij post.nl. Toen mijn man overleed, zei mijn dochter: "Je stopt, je hebt je hele leven al hard gewerkt. Ga maar genieten."'

'En geniet je ook?

Theo: 'Nou wordt ze weer emotioneel.'

Zijn moeder ging even naar de keuken.

'Sorry.'

Theo: 'Gebeurt vaker. Ze is niet veel onder de mensen. Mijn broer woont in Millingen, mijn zus in Westervoort en mijn broertje in Elst. Mijn moeder heeft alleen maar een scooter. Ze is onzeker over de wegen. Mijn ouders gingen altijd samen, nu komt ze nergens meer.'

'Hoe oud is ze?

Theo: 'Eh.... 59? Ze is van 1956, toch?'

Zijn schoonzus, die er opeens was, waarschijnlijk heeft ze ook een sleutel, vanuit de woonkamer: 'Ze is dus 62!'

Theo tegen mij: 'Je maakt mensen kapot, jongen. Mensen beginnen te huilen, ze willen bijna springen.'

Zijn moeder kwam weer terug, met nog meer koffie.

We bladerden door fotoboeken en keken naar foto's van haar als jonge moeder, een meisje nog. We zagen haar man en haar per sinterklaasfeest volwassener worden. Soms wist ze niet welk kind op welke foto stond.

'Weet je wie deze Eppo is?' vroeg Theo bij een foto van een jongetje met een bril.

'Ik.'

'Theo doet altijd groot tegenover de buitenwereld,' zei

Theo's moeder. 'Maar het is maar zo'n jongetje, met zo'n hartje.' Ze hield haar duim en wijsvinger op nog geen centimeter van elkaar. 'Hij heeft een grote mond, maar zo is hij helemaal niet. Ik werd altijd zo kwaad op Johan Derksen. Die zei gemene dingen over Theo. Dat hij uitging, dat hij zo'n stapperd en zo'n vreterd was, maar dat is pas veel later gekomen.'

Ik vroeg of ze plakboeken had bijgehouden.

'Theo heeft ze meegenomen, ze liggen gewoon bij het grofvuil in de schuur.'

Theo: 'Ik heb daar gewoon niets mee, allemaal zooi.'

'Wat een geweldige huiskamer hadden jullie! Helemaal jaren tachtig met die schrootjes, kan zo in het Openluchtmuseum. Hadden wij thuis ook.

Zijn moeder: 'Dit waren bij ons dan de jaren negentig.'

Ze stond stil bij haar twaalfeneenhalfjarig huwelijksfeest met heel veel Jansens en Janssens in een kaal, karig versierd zaaltje. Ze had grote oorbellen in.

Zijn moeder: 'En dit was mijn vader.'

Theo: 'Dat was een ouwe zeikerd, altijd alleen maar klagen.'

De schoonzus van Theo kwam nu ook boven het fotoboek hangen.

Theo: 'Hier lijkt mijn vader wel Gerard Joling.'

'Hé, een vakantie.

Zijn moeder: 'Ja, die heb ik toen van de kinderen gehad. Toen ben ik met Willy en mijn man daarheen geweest.'

'Waarheen?

Zijn moeder: 'Ja, waar was het? Ik weet het niet meer.'

Theo: 'Roombeek, Roompot?'

Zijn moeder: 'Center Parcs, heel leuk.'

Theo: 'Zijn alle andere foto's pleite?'

Zijn moeder: 'Die heb ik al wel tien keer aan jullie meegegeven, dat kan ik je wel vertellen.'

'En wie is dit?

Zijn moeder: 'Dat is Romy, dat is een mongooltje. Die staat op heel veel foto's.'

'Goed, die kapsels.

Theo: 'Hier deze. Lijk ik op Nathan Rutjes. En dit nog een keer mijn moeder. Weer helemaal anders, ze lijkt wel een kameleon. En hier mijn vader, heeft hij opeens krullen.'

Zijn moeder: 'Had hij een permanentje. Kun jij je dat voorstellen?'

'Mevrouw, niets verbaast me nog.

Theo: 'Nou, dit zijn ze dan wel. Optiefen nu met die kutfoto's. Doe je nog een peukje, ma? Dan gaan we daarna weer.'

Daarna: 'Deze foto moet trouwens ook in het boek: ik, Mike Snoei, Michael Dingsdag, Jeremy Overbeek, Bloem, Mustapha... nog een paar kneuzen. We hebben nu echt genoeg foto's. Lekker voor jou, hoef je weer minder pagina's te vullen. Je moet echt sneller gaan schrijven nu.'

'Je komt toch wel op de boekpresentatie?

Zijn moeder: 'Ja.'

Theo: 'Ik mag ook mensen niet uitnodigen, toch?'

Zijn moeder: 'Kijkt hij weer op zijn telefoon, verschrikkelijk. Hij is eraan verslaafd.'

Theo: 'Klagen, klagen, klagen.'

Zijn moeder lachte.

We wandelden terug naar het station.

Theo, samenvattend: 'We hadden het niet breed en we hadden het ook niet slecht.'

Daarna: 'We hebben het nu wel gehad, toch? Met het boek. Nog een etentje met alle hoofdrolspelers en dan klaar. Ik heb serieus geen idee waar het nog over moet gaan.'

'Over jou.

Theo: 'Jij hebt toch haast? Je moet toch nog een trein halen? Dan is dit de snelste route, lul. Vind ik trouwens een mooie titel voor dit hoofdstuk: *Dit is de snelste route, lul.* Ik vind 'Dit is de snelste route, lul' trouwens een rare zin, hij klopt niet. Wat ga jij doen als we rijk worden?'

'Een huis in Arnhem kopen. Ik heb in Amsterdam gewoond, nu zit ik in een kutdorp. Arnhem zit er precies middenin. Ik denk alleen niet dat ik mijn vriendin zo ver krijg.

Theo: 'Dan heeft ze een uitgeruste, gelukkige man. Het is ook wel makkelijk voor als we over twee jaar een vervolg willen.'

'Eens in de drie jaar gaan mensen daar toch naar verlangen.

Theo: 'Hierna maken we boekjes van vijftig pagina's. Gaat het wat sneller. Wie krijgt het eerste exemplaar?'

'Mag jij kiezen, iemand die voor jou bijzonder is.

Theo: 'Ikzelf. Dan flikker ik 'm daarna het publiek in. En daarna: interviewtje, biertje en bitterballen.'

Nawoord

Anderhalve week later zaten we met z'n allen in De Goudfazant in Amsterdam-Noord. Mijn vriendin, Theo en Linda, Ester en Marleen, en ik. Theo en Linda sliepen in een hotel op het Rembrandtplein. Hij liet een filmpje zien van de te lage gangen. Ze hadden alvast wat bier gedronken in de Euro-bar. Vooraf was ik bang geweest dat het een bacchanaal zou worden, maar Theo en Linda bleken veel beter tegen drank te kunnen dan wij. Mijn vriendin ging Theo en Linda voor de lol keihard interviewen, ik nam het niet op. Ik kon mezelf en Theo niet meer horen.

Ik heb mezelf vervloekt dat ik aan dit boek was begonnen. Ik denk dat het wederzijds was. Het was een bizarre botsing van belangen: oud-voetballer wil boek maar wil niets zeggen, schrijver probeert ieder woord eruit te trekken.

Toen Marleen zei dat ze niet wist wat voor toetje ze wilde, bestelde Theo alle toetjes die er op de kaart stonden. Hij bestelde ook voor iedereen meerdere glazen Limoncello. Daarna ging bij mij het licht uit. Later hoorde ik dat ze nog lang waren blijven zitten en dat Theo nog had getafelvoetbald tegen het keukenpersoneel. Ik viel op de terugweg naar de pont meerdere keren met de fiets en brak daarbij een stukje af van een voortand.

'S Morgens belde Ester Bal, die als enige nuchter was gebleven, me wakker.

'Je raadt nooit wat ik in mijn handtas vond. Allemaal kots van iemand!'

Twee dagen later, ik was bij mijn moeder in Velp om daar in alle rust aan dit boek te werken, ging ik langs bij boekhandel Hijman Ongerijmd. Marleen zei dat Theo de avond ervoor met een vriend was langsgekomen bij een lezing.

Van Theo hoorde ik lange tijd niets. Hij ook niet van mij, trouwens. Vroeger, in de tijd voor dit boek, zou ik me daarover zorgen hebben gemaakt. Maar door een tijdje met hem op te trekken, weet ik dat het een karakterkwestie is. Met oud en nieuw stuurde hij een filmpje van een vogel die, nadat hij je gelukkig nieuwjaar heeft gewenst, spontaan ontploft.

Ik vond dat wel symbolisch.

Theo bestelde een boek met korte hoofdstukjes, grote letters, liever geen diepgang en een beetje humor, maar uiteindelijk liet hij zich tussen de regels door toch kennen. Ik vond dat een aangename verrassing, ik hoop u ook.

Zelf zou hij zeggen: 'En anders lekker niet.'